贵州省交通建设系列科技专著

山区高速公路养护管理概论

贵州省交通运输厅 组织编写
陈健蕾 潘 海 张 杰 编 著

人民交通出版社股份有限公司
China Communications Press Co.,Ltd.

内 容 提 要

本书是"贵州省交通建设系列科技专著"中的一本，是贵州省交通系统从事高速公路养护管理和设计的工作人员在养护管理过程中，根据山区高速公路的地理、气候和设计特点，将山区高速公路养护管理要点的经验总结编写而成。本书全面叙述了山区高速公路养护管理的特点与任务，主要内容包括：山区高速公路的特点、养护任务与内容；路基、路面、桥梁、隧道、交通工程及沿线设施的养护管理；养护施工交通保畅；技术档案管理；养护管理发展趋势与新技术的运用。

本书可作为从事高速公路养护管理相关教学、科研、勘察、设计、施工及监测等工作的管理人员、科技人员、工程技术人员的参考书籍，也可供大专院校师生学习参考。

图书在版编目(CIP)数据

山区高速公路养护管理概论 / 陈健蕾，潘海，张杰编著；贵州省交通运输厅组织编写. — 北京：人民交通出版社股份有限公司，2015.11

(贵州省交通建设系列科技专著)

ISBN 978-7-114-12577-5

Ⅰ. ①山… Ⅱ. ①陈… ②潘… ③张… ④贵… Ⅲ. ①山区道路—高速公路—公路养护—概论 Ⅳ. ①U418

中国版本图书馆 CIP 数据核字(2015)第 255403 号

贵州省交通建设系列科技专著

书　　名：山区高速公路养护管理概论
著 作 者：陈健蕾　潘　海　张　杰
责任编辑：周　宇　韩　帅
出版发行：人民交通出版社股份有限公司
地　　址：(100011)北京市朝阳区安定门外外馆斜街 3 号
网　　址：http://www.ccpress.com.cn
销售电话：(010)59757973
总 经 销：人民交通出版社股份有限公司发行部
经　　销：各地新华书店
印　　刷：北京市密东印刷有限公司
开　　本：787×1092　1/16
印　　张：9.75
字　　数：226 千
版　　次：2015 年 11 月　第 1 版
印　　次：2015 年 11 月　第 1 次印刷
书　　号：ISBN 978-7-114-12577-5
定　　价：40.00 元

贵州省交通建设系列科技专著

编审委员会

总　序

Perface

古往今来，独特的地形地貌赋予贵州重峦叠嶂山高谷深的隽秀之美，但山阻水隔也桎梏着贵州经济社会发展的步伐。打破交通运输瓶颈，建设内捷外畅的现代综合交通运输体系，与全国同步迈向小康，一直是贵州人的夙愿。

改革开放特别是进入“十二五”以来，党中央、国务院及交通运输部等国家部委高度重视贵州经济社会发展。2012 年年初，国务院出台支持贵州发展的国发 2 号文件，将贵州省经济社会发展的战略规划上升到国家层面。贵州省委、省政府立足当前、着眼长远，提出坚持把交通作为优先发展的重大战略，举全省之力加快交通基础设施建设。2012 年以来，贵州省先后启动了高速公路建设、水运建设三年会战，普通国省干线公路建设攻坚，“四在农家 · 美丽乡村”小康路行动计划，“多彩贵州 · 最美高速”和“多彩贵州 · 平安高速”创建等一系列行动，志在“十二五”末，通过交通大建设一举打破大山的束缚，畅通经济发展的交通网络。

广大交通建设者紧紧抓住发展的历史机遇，凝心聚智，在广袤的黔山秀水之间，用光阴和汗水构筑贵州面向未来的交通新格局。“十二五”期间，全省交通基础设施建设将完成投资4 500亿元，新建成高速公路 3 600 公里，高速公路通车总里程将突破 5 100 公里，全省 88 个县(市、区)将全部通高速公路。乌江、赤水河建成四级航道 700 公里，改写了贵州无高等级航道的历史。建成构皮滩水电站翻坝枢纽工程，实现乌江航道全线通航。曾经的黔道天堑正变成康庄大道，一张以高速公路为骨架、国省干线公路为支撑、县乡公路为脉络、小康路为基础的四级公路路网正在形成，“扬帆赴江海”指日可待。

围绕贵州交通发展中出现的科技需求，贵州省交通运输厅组织开展了一批省部级重大科研项目攻关，重点突破一批关键、共性技术难题，在支撑工程建设、引领行业创新发展方面成效显著。在山区复杂条件下大型桥梁建设技术方面，形成了千米级悬索桥、高墩大跨刚构桥和钢管混凝土拱桥等设计施工成套技术，有力支撑了坝陵河大桥、清水河大桥、鸭池河大桥、赫章大桥、木蓬大桥等一批世界级桥梁建设工程，实现了我省桥梁建设技术的大跨越；针对西部山区复杂地质地形条件，从勘察设计、建设施工、养护管理和生态环保等方面系统开展基础研究和技术开发，形成一批山区高速公路修筑技术，其成果居国内先进水平，有力支撑了复杂山区环境下高速公路项目建设；在山区航道整治、船型标准、通航枢纽建设等方面取得的创新性成果，促进了贵州航运工程的发展；完成了“贵州乌蒙山区毕都高速公路安全保障科技示范工程”等交通运输部科技示范项目，有力推动了交通科技成果推广应用；以“互联网＋便捷交通”推进智慧交通建设，率先开展智能交通云的建设和应用。交通运输科技成果连续3年获得贵州省科技进步和成果推广一等奖。

为展现在公路、水路和交通安全、信息化建设等方面取得的技术成就，促进技术交流，加大推广应用，贵州省交通运输厅组织编写了“贵州省交通建设系列科技专著”。这套科技专著的出版，对传承科技创新文化，提升交通科技水平，深入实施科技兴省战略，促进贵州经济社会快速发展，意义重大、影响深远。

交通成就千秋梦，东西南北贯黔中。编撰这套系列科技专著，付出的是艰辛、凝结的是智慧、反映的是成绩，折射了交通改变地理劣势、奋斗推动跨越的创新精神，存史价值较高，是一笔当代贵州的可贵财富。

王晴

2015年10月

前　言

Foreword

近10年来，我国高速公路建设迎来了历史上前所未有的大好机遇，2014年年底，我国高速公路通车里程达11.2万km，居世界第一。在此期间，随着高速公路向中西部地区深入，山区高速公路建设取得了较大成就，山区高速公路的通车里程在短时间内迅速增长，部分山区省份高速公路网也已逐步完善，进入了建设逐步收敛的后建设时代。山区高速公路地形地质复杂、桥隧比例大、高填深挖路段多，与高速公路发展较早的平原地区相比有明显区别，养护管理难度大。随着公路里程逐渐增加的路网完善，大众对高速公路的需求从解决有无到不断提升服务质量的转变，对高速公路运营管理工作提出了更高的要求；养护管理工作面临极大挑战。

本书基于山区高速公路的特点，从养护管理的角度，系统地介绍山区高速公路各专业的养护管理要求、理念和主要内容，力求使使用者迅速掌握和熟悉有关工作要点。

本书共分为9章。第1章为绪论，主要介绍了高速公路的特点及养护的任务和内容；第2～6章分别介绍了路基工程、路面工程、桥梁工程、隧道工程、交通工程及沿线设施的特点、病害类型、养护管理要求及相应的管理措施；第7章介绍了养护施工交通保畅要求、交通组织及应急处理措施；第8章、第9章分别介绍了养护工程的档案管理要求及养护管理的技术发展趋势。

本书由陈健蕾、潘海、张杰组织编写，共分为9章。第1章由陈健蕾编写；第2章由邹飞、喻邦江、王瑞甫编写；第3章由吴大鸿、张弢、张耘编写；第4章由张杰、张弢编写；第5章由刘学增、师刚编写；第6章由张炯、张鹤然编写；第7章由刘彦、沈仪平编写；第8章由沈仪平、张耘编写；第9章由潘海、张杰、杜镔、董翔编写。全书在编著过程中得到了罗强、康厚荣、龙平江、许湘华、梅世龙、龙万学的大力支持，另外，李黔刚也为本书封面提供了摄影作品，在此表示感谢。

本书在编写过程中参阅了大量的文献资料，均列于书后，在此向作者表示感谢。由于时间有限、编者水平有限，不足之处恳请读者批评指正。

作　者

2015年7月

目　录

Contents

第1章 绪论

1.1 我国山区高速公路发展概况

我国自 1984 年 6 月开始建设第一条高速公路，即沈阳至大连高速公路，由此开启了我国高速公路建设篇章。同年 12 月，上海至嘉定高速公路开工，其一期工程于 1988 年 10 月 31 日建成通车，成为国内第一条通车运营的高速公路。1992 年，原交通部（现为交通运输部）制定了“五纵七横”国道主干线规划并开始实施，京津塘、成渝、济青等一批具有重要意义的高速公路相继建成，突破了高速公路建设的多项技术，为后来我国高速公路的发展打下了坚实的基础，从此我国高速公路开始迅速发展。至 2004 年年底，高速公路通车里程超过 3 万 km，同年年底，国务院审议通过了《国家高速公路网规划》，标志着我国高速公路建设发展进入了一个新的历史时期。国家高速公路网采用放射线与纵横网格相结合的布局形态，构成由中心城市向外放射以及横连东西、纵贯南北的公路交通大通道，包括 7 条首都放射线、9 条南北纵向线和 18 条东西横向线，简称“7918 网”。2005 年交通部根据党中央、国务院关于西部大开发的指示精神，提出了《关于加快西部地区公路、水路交通发展若干意见》，规划用 20 年时间，使西部公路交通发生根本变化，建成布局合理、功能完善的路网，总体满足社会经济发展的需求，高速公路建设向中西部地区挺进。截至 2014 年，除西藏外，各省、自治区和直辖市都已拥有高速公路，我国高速公路通车总里程已达 11.2 万 km。1988 年至 2014 年我国高速公路里程见图 1.1。

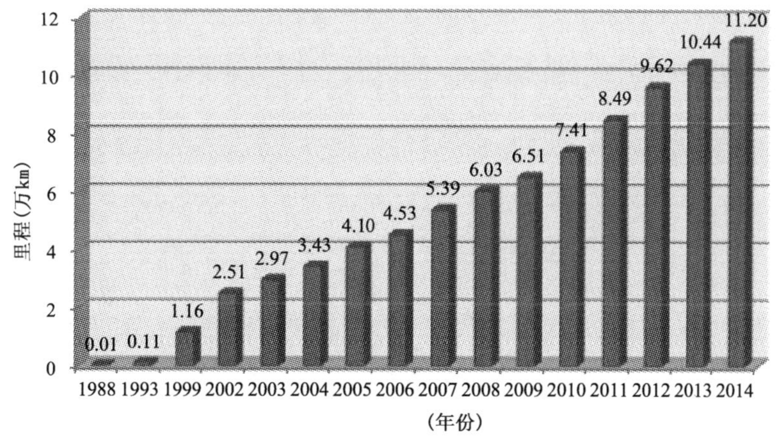

图 1.1 1988 年至 2014 年我国高速公路里程

从美国、欧洲、日本与我国的高速公路对比来看，我国高速公路的总里程超过了美国，车流密度堪比日本(局部)，高速公路体制类似欧洲，路网运行环境和管理难度更为复杂。因此，我国高速公路的运营管理压力已经非常明显。

由于历史原因，我国山区人口数量少、资源欠开发、经济欠发达，加之地形地质等自然环境复杂，交通基础设施建设成本高、难度大，导致山区特别是西部山区交通基础设施一直处于落后地位，极大地制约了山区的资源开发和经济发展，成为人民群众生活水平难以提高的主要因素之一。自21世纪初西部大开发战略实施以来，西部地区交通基础设施得到了迅速发展，一大批高速公路项目陆续启动，部分地形地质环境复杂、经济欠发达的省份充分认识到了高速公路对经济发展的重要意义，除国家高速公路以外，还规划建设了规模较大的地方高速公路。截至2014年年底，我国山区分布较多的河北、辽宁、浙江、安徽、福建、江西、湖北、湖南、广东、广西、海南、重庆、四川、贵州、云南、西藏、陕西、甘肃18个省(自治区、直辖市)高速公路的通车里程已达约7万km，约占全国通车总里程的62.5%。贵州是西部山区的一个典型省份，2008年提出了“县县通高速公路”的规划理念，并迅速推进，2014年年底已建成4 016km，通达79个县，2015年将实现全省88个县“县县通高速公路”。

据统计，我国国家高速公路和各省地方高速公路规划总里程约19.8万km，其中以上18省区占有12.9万km，全国中长期拟建的8.6万km高速公路中有5.9万km处于山区省份，约占全国拟建高速公路的69%。也就是说，我国今后新增高速公路的主战场在山区，虽然受各省经济、用地等综合因素的限制，高速公路的规划建设会受一定影响，但山区高速公路建成规模在近期逐年增长的趋势不会改变，山区高速公路建设成果将不断扩大。

1.2 山区高速公路特点

山区高速公路穿越高山峡谷，地形地质及气候条件复杂，较平原地区而言，其特点主要由自然条件所决定，从而造就了其鲜明的工程特点，影响运营安全的隐患因素也与平原地区有所不同。

1.2.1 自然条件特点

1)地形地质条件复杂，不良地质众多

我国山区地形层峦叠嶂，地下矿产资源丰富，地质条件多样，高速公路穿越区域往往地形地质条件复杂，同时伴随着众多的不良地质。在山区高速公路建设中，软土、崩塌、滑坡、泥石流、地下水发育、岩溶、煤系地层等极易影响高速公路质量的不良地质现象时有发生，给高速公路的建设带来了极大的困难和挑战，同时也给运营安全造成一定隐患。

2)气候条件多样

我国山区由于地形的影响，形成了多种气候环境和丰富多样的气候资源，在为经济发展提供优越条件的同时，为高速公路运营安全带来了极大考验。比如相对于平原地区，我国山区范围要更广、面积更大。而且我国南北方之间气候资源差异大，北部为北亚热带，中部为中亚热带，南部为南亚热带和热带，加之山地地形使得气候资源呈现出立体性、多层性、多样性和多宜性的特点，给高速公路线性环境的预测带来较多困难，也给高速公路的运营安全造成极大影响。对于我国山区高速公路，诸如暴雨、多雾、凝冻等气候条件常常威胁着驾乘人员的安全，由此导致的安全事故也屡屡发生。

1.2.2 工程特点

1)桥梁和隧道所占比例大

由于特殊的地区条件，且土地资源紧张，在必须满足平纵面线形指标的前提下，山区高速公路常常以桥梁跨越沟谷，在通过较短的路基后便以隧道穿越大山，导致桥梁和隧道所占比例较大。随着高速公路建设向边远山区推进，桥梁和隧道所占比例大的特点更加突出。以贵州省为例，正在开展设计工作的紫云—望谟高速公路，其初步设计阶段路线全长 72.2km，桥隧比例高达 67.8%。山区地质地形条件复杂，桥梁结构形式多样、基础处理复杂，隧道不良地质情况突出、运营环境复杂，较大的桥隧规模除给高速公路建设带来极大考验外，也给运营安全和养护管理带来了极大的挑战。

2)连续长大纵坡问题突出

山区高速公路沿线地形起伏大，沿线控制点间高差不一，为了克服高差并满足平面线形要求，设计展线中不可避免地要出现连续长大纵坡路段。在连续长大纵坡路段行驶过程中，绝大多数货车靠制动毂淋水降温来削减制动器因频繁使用而发热引起的抽动效能热衰退。当制动器因过热而失去制动能力时，事故随时可能发生。连续长大纵坡路段的安全运营，除人和车的因素外，往往还与避险车道、安全标志和路面的维护状况有关，是养护管理工作需要注意的内容。

3)高填深挖路段多

虽然山区高速公路桥隧比例大，但较大的桥隧比例并没有降低高填深挖路段所占份额。如某高速公路一路段长 37.6km，桥隧比达 61%，填方高度大于 20m 的高路堤段落有 16 段，其中填方高度大于 30m 的路段 6 段，最大填高 40.6m；另有坡高大于 25m 的挖方边坡 35 段，其中坡高大于 30m 的 29 段，大于 40m 的 14 段，大于 50m 的 6 段。由于地质地形因素，高填深挖路段往往采用锚杆、锚索框架、挡墙、抗滑桩等设施进行防护，在自然环境中，由于受不良地质、施工工艺及材料耐久性的影响，随着时间的推移，防护工程的安全性会受一定影响，养护管理难度大。

1.2.3 运营安全影响因素

1)人的因素

驾驶员是高速公路运营的主体，其对安全的认知是影响驾驶安全的重要因素。驾驶员又分为营运性驾驶员和非营运性驾驶员，前者承担各类货物与旅客的运输任务，是专业的驾驶员，其安全认知度较高，后者多为各类小型客车驾驶员。我国正处于汽车高速增长时期，汽车和驾驶员数量增长迅速，驾驶员的经验和水平参差不齐，给运营安全带来了不少隐患。而我国营运性驾驶员的社会地位、经济条件都处于比较低的水平，不良的社会生存状况使其要追求更大的经济利益，驾驶员在运输过程中超限超载、超速违章、疲劳驾驶等都是造成山区高速公路交通事故的主要原因。

2)车的因素

在高速公路行驶的车辆组成复杂，无论货车、客车、小汽车还是拖挂车，其安全状况都直接影响相应路段其他车辆的安全。特别是在我国货车安全技术条件滞后的实际状况下，山区高速公路的线形和特殊的气候条件对车辆的制动性能要求又较高，货车因制动不及时、长期占道导致的多车追尾频发，货车车况与行车行为已严重影响山区高速公路运营安全。

3)路的因素

高速公路一般按技术标准要求建设，投入运营的公路本身是符合技术标准和相关要求的，其影响安全的因素主要是运营管理不到位而导致的交通安全隐患。运营管理不到位主要体现在两个方面：一是运营环境控制不科学，二是养护管理不到位。

运营环境方面，在山区高速公路复杂的地形和气候条件下，在连续长大纵坡、桥梁和隧道相接等工程环境中，行车环境交替变化，若涉及公路运营环境的控制不科学，将不能正确地为驾驶员提供辨识风险的条件，从而可能导致交通事故发生。如隧道照明控制就较为复杂，隧道进出口及洞身段照明在昼、夜、阴、晴环境下控制都不同，若照明控制不能与外界环境相匹配，将给驾驶员造成视觉盲区，影响判断和正确操作，从而严重影响高速公路的行车安全和运行效率。

养护管理方面，养护管理不及时是导致行车环境达不到高速公路使用功能的直接原因。公路养护管理不到位，不仅导致公路状况差，影响行车速度和公路通行能力，甚至导致路线中断和安全事故。如路面在自然环境和长期承受重载交通的压力下，必然导致龟裂、裂缝、坑槽、车辙等病害，若养护不及时造成病害连续集中，将严重影响车辆行驶速度，从而降低公路通车能力；又如桥梁、隧道、边坡等结构物，往往涉及公路安全，若养护管理不到位，养护日常检查工作不扎实，养护处理不及时，将有可能导致桥梁垮塌、隧道衬砌掉块、边坡垮塌等影响行车安全的事故发生，给人民生命财产造成巨大损失。

4)气候因素

作为线性工程，山区高速公路多穿越山岭和沟谷，受区域气候环境的影响大。常见的暴雨、风雪、多雾、凝冻等山区多发不良天气都会严重影响交通安全。冬季的风雪、多雾、凝冻天气，以及夏季的暴雨多雾，都会严重影响路面的抗滑性能和能见度，给交通安全带来巨大隐患。

由于地形因素的不同，尤其是在高海拔地区，往往会形成局部的地形小气候，气候变化尤其反复无常，汽车在行驶的一段路程中，往往会经历多个小气候区域，时而晴空万里，时而狂风暴雨，给驾驶员带来很大的考验，严重影响行车安全。

1.3 山区高速公路养护任务与内容

相较于未来，我国高速公里新增里程与大中修里程将发生逆转，公路交通行业从“建设为主”进入到“建管养并重”时期，见图 1.2。

山区高速公路发展迅速，大部分是新建项目，由于对养护管理的认识不足，“重建轻养”的思想影响着高速公路养护管理人员配置、养护资金投入等问题，在有限的人员和资源配置状况下，搞好养护管理工作极为困难。因此，了解并掌握养护管理相关要求、任务和主要内容，是养

护管理人员搞好本职工作的必修课程。

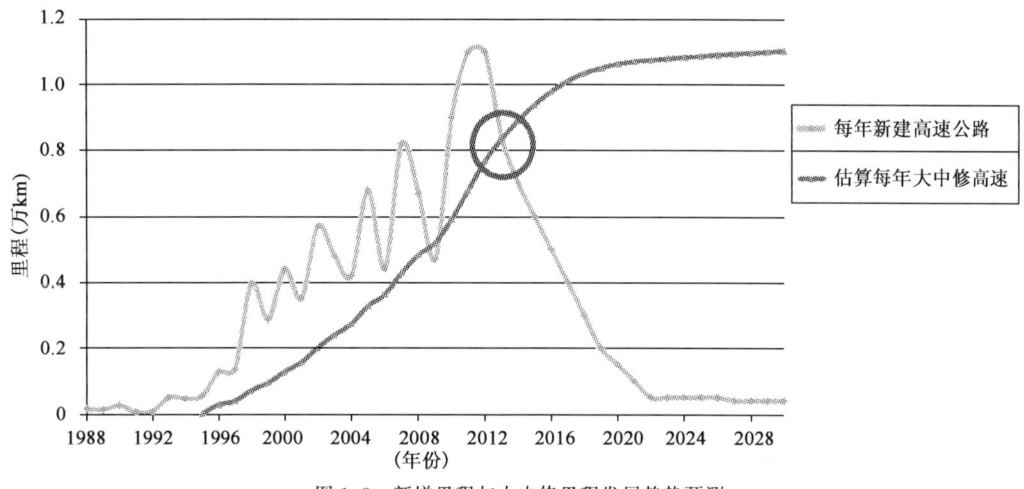

图 1.2 新增里程与大中修里程发展趋势预测

1.3.1 养护相关规定

由于高速公路存在交通量大、行驶速度高、重载车辆多等特点,对其实施“日常性、及时性、安全性”的养护,是保障高速公路有效的通行能力、安全运营,充分发挥经济效益和社会效益的重要工作,其重要性不亚于修建新的高速公路。因此,我国交通领域的行业管理部门和专业技术人员对公路的养护管理和技术均越来越重视。为加强养护管理,交通部针对我国公路养护管理的实际情况,陆续制定并颁布了《公路养护技术规范》(JTG H10—2009)、《公路桥涵养护规范》(JTG H11—2004)、《公路隧道养护技术规范》(JTG H12—2015)等养护技术规范,以规范养护管理行为。为确保养护工作质量,促进养护工作落实到位,交通部于 1994 年和 2002 年先后发布了《公路养护质量检查评定标准》(JTJ 075—1994)和《高速公路养护质量检评方法(试行)》,分别对普通公路和高速公路的技术状况进行了规定。2005 年,为统一高速公路和普通公路的技术状况评定办法,交通部启动了《公路技术状况评定标准》(JTG H20—2007),并于 2007 年发布,同时废止了《公路养护质量检查评定标准》(JTJ 075—1994)和《高速公路养护质量检评方法(试行)》。上述标准和规范,对规范和提高公路养护的技术水平和服务起到了极大的作用。除发布标准和规范外,交通部还制定和印发了一系列关于高速公路养护管理的管理办法和通知,结合交通部文件精神,各省交通主管部门结合自身情况制定了相应的管理办法或实施细则,对养护工作做出了具体要求。

1.3.2 养护的主要内容

高速公路养护的目的是保证高速公路各项工程与设施保持良好的使用状况,如保证路基、路面、桥梁、隧道、交通工程及安全设施等处于良好的技术状态,从而确保高速公路具有快速畅通、安全、舒适、经济的使用功能。养护工作的内容大致有以下几个方面。

1)日常维护保养

日常维护保养是为保持高速公路及其设施的正常使用功能而安排的经常性养护和修补轻

微损坏部分的作业，具有经常性、及时性、周期性的特点。日常维护保养每天都要进行，及时发现问题及时处理，这些问题若不及时处理，将对行车安全造成较大隐患。如车辆掉落故障物排除、标志标牌修复、监控及照明设施故障排除、冬季除冰保畅作业等，这些工作都是日常性的，具有随机性，只有及时发现及时处理，才能很好地维护公路的正常使用状态。日常维护涵盖高速公路路基、桥梁、隧道、沿线设施、机电、绿化等各专业，主要包含清扫、桥梁经常检查、隧道日常检查、标志维护、绿化维护等内容。

2)检查及检修

检查及检修是发现高速公路病害的主要手段。通过不同深度的检查，可正确评定高速公路技术状况，确定养护工程性质，从而对养护工程做出科学决策，指导养护工作安排。由于专业特点不同，检查及检修内容也有所不同。桥梁检查分为经常检查、定期检查和特殊检查；隧道检查分为土建和机电两个部分，土建部分包括日常检查、定期检查、特别检查和专项检查，机电部分包括日常检查、经常检查、定期检查、分解检查和应急检查。除桥梁经常检查、隧道日常检查在日常维护中可通过目测和简单测量完成外，其他的定期检查、专项检查、特殊(别)检查等专业要求较高，难度较大，一般由专业队伍实施。

3)养护工程实施

经过检查，对公路技术状况进行评价后，需安排实施不同程度的养护工程。养护工程按工程性质、规模大小、技术难易程度主要划分为小修保养、中修、大修、改建和专项工程几类。

(1)小修保养工程：对公路及其一切工程设施进行预防保养和修补其轻微损坏部分，使之经常保持完好状态。通常由养护机构在小修保养预算经费内，按月(旬)安排计划每日进行实施。

(2)中修工程：对公路工程设施的一般性磨损和局部损坏进行定期的修理加固，以恢复原状的小型工程项目。通常由基层养路机构按年(季)安排计划并组织实施。

(3)大修工程：对公路设施的较大损坏进行周期性的综合修理，以全面恢复到原设计标准，或在原技术等级范围内进行局部改善和个别增建，以逐步提高公路通行能力的工程项目。

(4)改建工程：对公路因不适应交通量、荷载、泄洪要求而提高技术等级，或因公路局部改称需要重建，或为了显著提高通行能力而进行的较大型、大型工程项目。

(5)专项工程：可分为专项抢修工程和专项修复工程两类，专项抢修工程是指采用临时性措施在最短时间内恢复交通的工程措施，专项修复工程是指采用永久性措施恢复公路原有功能的工程措施。

1.3.3 养护管理作用与主要问题

高速公路养护管理是高速公路运营管理的主要组成部分，是保证高速公路具有良好服务水平的主要手段。通过养护管理，使高速公路及沿线设施保持良好状况，在为驾乘人员提供安全快捷的运营环境的同时，确保高速公路的社会效益和经济效益。高速公路养护管理的作用主要有以下几个方面：

(1)及时掌握公路技术状况及服务水平，安排养护工程，保证高速公路良好的行车环境，确保高速公路安全、畅通。

(2)提前发现桥梁、隧道、边坡等重要结构物的病害，及时处理，避免重大安全事故的发生。

由于受自然地理条件、重载交通等的影响，桥梁、隧道、边坡等重要结构物会出现不同程序的破坏，及时掌握结构物的使用状况，消除隐患，对确保安全运营至关重要。

(3)弥补设计、施工因素造成的使用缺陷，使高速公路更好地为公众服务。

我国普通公路的养护管理已较为成熟，但相对于普通公路，高速公路技术标准高、构造物复杂、养护环境特殊，其养护管理还存在较多问题。主要有以下几个方面：

(1)小修保养不及时，并导致道路破坏迅速。

(2)特殊结构物养护不到位，桥梁、隧道的巡检不及时，定期检查不到位，安全隐患不能及时处治。

(3)养护作业不规范，影响养护路段通行能力，给行车造成安全隐患。

1.4 山区高速公路养护管理体制

基于高速公路建设投资大、政府经济压力大和高速公路迫切需要迅速发展的实际需求，高速公路的建设往往是多元投资主体结构并存，加上大量公路的投入运营以及养护行业社会化发展的需要，国内近年来养护机制不断创新和发展，养护管理体制形成了形式多样的运行模式。目前，山区高速公路主要有属地养护模式、自主养护模式、承包制养护模式、市场化养护模式等不同管理体制。

1)属地养护模式

所谓属地养护模式，是指根据高速公路(路段)所在的行政区域，将高速公路的养护划分给相应行政区域的行业主管部门组织进行养护。其来源于高速公路发展前期国省干道的养护模式，是计划经济时代的产物之一，是我国早期高速公路养护的一种常见模式。这种养护模式没有具体的养护公司，一般是行政区域内行业主管部门设立一个养护管理部门，并由该部门实施所辖行政区域的高速公路养护。由于该模式没有有效的考核标准和验收程序，加之人员流动的限制，导致养护效率低下、养护成本居高不下、养护人员过度膨胀。

随着“管养分离”政策的落实，投资主体的多元发展，这种模式已经逐步退出历史舞台。

2)自主养护模式

自主养护模式，是指高速公路经营公司根据需要设立自己的养护公司，负责对其所辖高速公路的养护。其主要特点是养护公司在人事、财务和经营业务等方面直接接受经营公司的管理。在人事方面，养护公司的主要管理人员直接由高速公路的经营公司直接任免；在财务方面，养护公司实行收支两条线，养护公司经营收入直接上缴经营公司，养护费用直接由公路经营公司计划和划拨；在日常养护业务方面，养护工作根据经营公司指令计划执行和操作。从这种养护模式运行情况来看，养护公司自身缺乏自主权，只是经营公司的附属物，不具备独立法人资格，更未建立完善的现代企业制度，内部机构设置简单、不规范，缺乏科学的约束和监督机制。

3)承包制养护模式

承包养护模式是近几年在养护体制改革过程中发展起来的一种公路养护模式。其主要特点是高速公路经营公司不自设养护机构，公路经营公司将日常公路维护及小修保养等养护工作承包给专业性公路养护公司来具体实施。

作为公路养护运行机制改革的一种尝试，该养护模式有利于实现养护工作的社会化、专业化、规模化和机械化，在一定程度上避免了公路经营公司自设养护机构所产生的各种弊端，实践过程中取得了一定的效果。但基于养护工作的行业特点及养护工作发展难以跟上建设速度，全部放开养护市场的内、外部条件还未完全成熟。从实际操作特点来讲，目前的承包制主要是采取内部承包，模拟市场运作的做法。尽管这种承包制并非完全的市场行为，但它在一定程度上提高了承包者对养护工作的责任心和积极性，有利于养护质量和效益的提高。在交通运输部"管养分离"基本原则的指导下，一些省份的高速公路经营公司将其下属的养护机构及施工单位与经营机构实施分离，组建了高速公路养护公司，以期通过公司化养护来达到提高高速公路养护质量、降低养护成本的目的。

但从目前的实践来看，许多公路养护机构的公司化改造仅限于形式上建立养护公司，公司养护任务来源基本上仅承担原依附公路经营公司的养护任务。

4)市场化养护模式

国外多数发达国家的高速公路始建于20世纪中叶，经过半个多世纪发展，已经形成了完善的养护管理体制。美国、加拿大、日本等国家均是采用"管养分离"的公路养护制度，通过招投标方式将具体的养护工程承包给私人养护公司管理，建立养护市场，养护质量受政府和舆论的监督，养护资金的利用率、维修的质量和效率较高。虽然各国走过的道路不尽相同，但共同点是在政府的宏观调控下，走市场化道路，养护市场社会化程度比较高。

国内在市场化养护模式方面也进行了有益的探索，其养护模式就是通过公路养护行业的市场竞争，通过招标或者邀标，选择养护公司对公路经营公司所辖公路(或路段)提供公路养护专业服务。它是承包制养护模式的延伸和发展，其明显的特征是：养护公司作为市场化的服务企业，公司是"自主经营、自负盈亏"的企业，不是公路经营公司的"附属"。这种养护模式一方面可以实现养护工作的社会化、专业化、规模化和机械化；另一方面，因为通过市场竞争行为，可有效节约和控制养护经费，在运行上完全按合同执行，能有效控制养护的质量。

第2章 路基工程养护管理

路基是按照路线位置和一定技术要求修筑的带状构造物，是路面的基础，它与路面共同承担车辆荷载，是公路的重要组成部分。路基的强度和稳定性是保证路面结构稳定、路用性能良好的基本条件。为了保证公路正常使用，需要对路基进行周期性、预防性和科学性的养护，使其经常处于良好的使用状态，不发生较大的病害和变形。

山区高速公路地形地质及气候条件的复杂性，给路基养护工作带来巨大的挑战，必须高度重视山区高速公路路基养护管理，强化日常养护管理工作，确保高速公路营运安全和服务水平。本章主要介绍路基养护的内容与基本要求、路基的日常管理与维修、山区高速公路常见路基病害和特殊地质地段路基病害的识别及处治。

2.1 山区高速公路路基特点

路基工程贯穿公路全线，作为公路建筑的主体，与桥梁、隧道相连，构成公路的整体。山区地形地质条件复杂，自然生态环境脆弱，沿线交通闭塞，施工条件差。相对平原地区，山区高速公路路基具有如下特点：

(1)高填深挖方路基比例大，段落多，边坡高度大，工程问题突出。高斜坡填方处理难度和压实难度大，后期不均匀沉降易导致路面平整度差、路面破坏严重，高速公路行车舒适性差，且在雨季易发生突然坍塌事故，威胁行车安全。路堑高边坡开挖常产生大量的废方，弃土场占用大量的土地，导致水土流失严重，后期由弃土场引起的次生地质灾害问题突出。路基路段占比大，路基工程数量大、投资高。

(2)路基防护工程复杂，山区高速公路沿线滑坡、堆积体、岩溶等不良地质发育，高填深挖路段多，路基处置工程技术复杂，抗滑桩、锚索框架等防护加固工程复杂多样，施工难度大，工程量大。路基工程对工期影响大，工程技术问题多，施工难度大。

(3)路基建筑呈带状分布，涉及面广，影响范围大，对沿线生态平衡、水土保持和农田水利等自然环境影响大。山区地质条件脆弱，山区高速公路路基开挖、填筑对沿线植被和生态破坏严重，绿化工程难度大，后期生态恢复、边坡绿化难度大。

(4)路基与桥台台背路段病害突出。山区高速公路频繁的出现路基和桥梁相接，路桥相接路段跳车现象严重，降低了行车的安全性和舒适性。

(5)山区高速公路路基工程质量好坏直接影响行车舒适、安全和道路的服务水平，是后期养护的重点。

路基标准横断面图如图 2.1 所示，典型山区高速公路路基如图 2.2 所示。

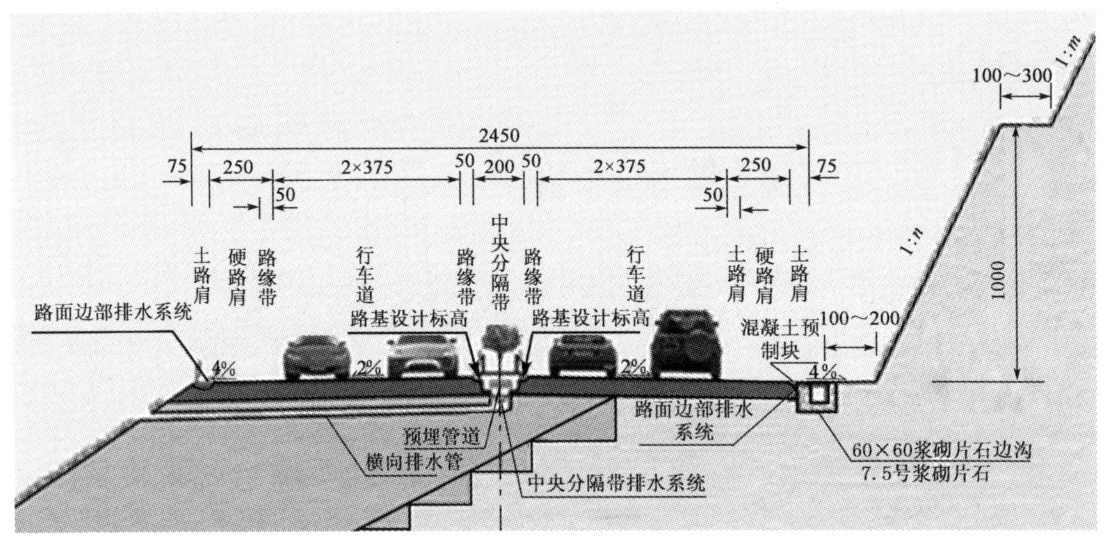

图 2.1　路基标准横断面图(尺寸单位:cm)

图 2.2　典型山区高速公路路基

2.2　路基养护工作的内容和基本要求

2.2.1　路基养护的目的及基本原则

路基养护的目的是保持或恢复路基各部分原有状态和技术标准，确保路基处于正常使用状态，对原来达不到技术要求的部分进行改善提高，弥补路基的缺陷，完善和提高路基的使用功能。

路基养护的基本原则为坚持“以防为主，防治结合，积极改善，保障畅通”，以经常性、预防性维护为主，以修补性维护为辅；先重点、后一般，对危及道路通行安全及对公路设施会造成严重损坏的，应优先考虑。在保证道路正常功能的情况下，绿化、美化道路环境。

2.2.2　路基养护工作的内容和基本要求

路基养护工作主要是通过日常巡视和定期检查，发现病害及时查明原因，采取有效措施进行主要的预防、维修或加固清除病害，使路基处于良好的工作状态。养护工作有以下主要内容：

(1)进行日常巡查和定期检查，发现病害并查明原因。

(2)维修、加固路肩及边坡。

(3)疏通、改善、铺砌排水系统。

(4)维护、修理各种防护构造物及其他附属设施，确保构造物和设施完整无损，发挥稳定路基的作用。

(5)观察、预防及处理滑坡、翻浆、泥石流、塌方等路基病害，及时清除塌方、积雪，处理坍塌，加强对水毁的预防与治理，及时检查各种路基险情并向上级报告。

养护基本要求具体如下：

(1)路基各部分经常保持完整，各部尺寸保持规定的标准要求，不损坏变形，经常处于完好状态。

(2)路肩无车辙、坑洼、隆起、沉陷、缺口，横坡适度，边缘顺适，表面平整坚实、整洁，与路面接茬平顺。

(3)边坡稳定、坚固，平顺无冲沟、松散，坡度符合规定。

(4)边沟、排水沟、截水沟、跌水井、泄水槽(路肩水簸箕)等排水设施无淤塞、无高草，纵坡符合要求，排水畅通，进出口维护完好，保证路基、路面及边沟内不积水。

(5)挡土墙、护坡及防雪、防沙等设施保持完好无损坏，泄水孔无堵塞。

(6)做好翻浆、塌方、山体滑坡、泥石流等病害的预防、治理和抢修，尽量缩短阻车时间。

2.3　山区高速公路路肩的养护

路肩是指位于行车道外缘至路基边缘，具有一定宽度的带状部分，为保持车行道的功能和临时停车使用，并作为路面的横向支挡。路肩是保证道路路基、路面有整体稳定性和排除路面水的重要结构，同时，也确保临时停车所需两侧余宽的重要组成部分。路肩的养护好坏直接关系到路基面的强度、稳定性和行车的畅通。路肩的养护应达到以下基本要求：

1)路肩清洁度养护

路肩应保持干净、清洁，不应堆放有任何杂物或养护材料，路肩边沟不洁不分轻重。路肩边沟不洁一方面会影响公路的美观，另一方面路肩部位的杂物垃圾如被风吹至路面或空中也会对行车安全造成一定的威胁。路肩部位的油渍如不及时清理，会对路肩造成腐蚀，造成路肩损坏。

2)路肩横坡平整度养护

路肩应经常保持平整坚实，对出现的坑槽、缺口应及时修补。对雨水天积水，应及时排出，并分析原因进行处理。硬路肩应与路面横坡相同，土或植草的路肩应比路面横坡度大1%～2%。若路肩横坡坡度过缓，则不利于排水，影响路基稳定；坡度过大，则易于被雨水冲刷成沟槽。对于纵坡大于5%的路肩，由于纵坡大，容易被暴雨冲成纵横沟壑，甚至冲坏路堤边坡，一般需要根据路基排水系统的情况，分析原因，综合改善。

3）路肩的加固和改善

路肩损坏是指土路肩、硬路肩或紧急停车带表面出现各种损坏，如坑槽、裂缝、松散等。土路肩损坏主要指路肩出现沉陷、坑槽和露骨等损坏。排水不畅、雨水冲刷、施工或材料不良、外力作用等是造成路肩损坏的主要原因，此外汽车在紧急停车带检查修理时往往也会给路肩留下千斤顶坑迹及油污，形成路肩坑槽等损坏。路肩损坏将所有形式的损坏按面积累加，以平方米（m^2）为计量单位，累计面积不足 $1m^2$ 的按 $1m^2$ 计。路肩损坏分为轻、重两个等级，其中按路面损坏分类标准为轻度和中度的损坏都归为轻度路肩损坏，按路面损坏分类标准为重度的损坏归为重度路肩损坏。路肩损坏应及时加固和改善。为了减少路肩养护工作量，对于行车密度大的路线，应由养护部门有计划、有步骤地将土路肩改铺成能行车的硬路肩。

4）养护材料的堆放

路肩上禁止堆放任何杂物，对于养路的材料，应该放在公路以外相连路肩之外，根据地形的具体情况，选择适合堆放养路材料的地点，设置堆料坪。堆料坪的间距以 200～500m 为宜。堆料坪长度 5～8m，宽约 2m。如若属机械化养路或者是高级路面，可以不设或少设堆料坪。

修补路肩坑槽所需的砂石材料，如必须堆置放在路肩上时，应选择在较宽的路段顺一边堆放，但不允许堆放在桥头引道、弯道内侧及陡坡上。所有的料堆必须距离路面边缘 300mm，料堆长度不得大于 10m，而且每隔 10～20m 必须留出不小于 1m 宽的空隙，以利于排水，同时有利于车辆的正常行驶。对于料堆放置的时间也有限制，一般情况下应在 7d 内处理完毕，最多不得超过 10d 的时间。

2.4 山区高速公路路基边坡主要病害类型及养护措施

山区高速公路路基挖方边坡所占比例大，边坡防护结构复杂多样，由于长期暴露在复杂的自然环境，病害较多，隐患突出。

2.4.1 路基边坡的一般性养护

边坡是指为保证路基稳定，在路基两侧做成的具有一定坡度的坡面。边坡包括：路堑边坡和路堤边坡，其主要作用是保证路基稳定、行车安全及景观舒适。

边坡一般需要防护，边坡防护主要是保护路基边坡表面免受雨水冲刷，减缓温差及湿度变化的影响，防止和延缓软弱岩土表面的风化、破碎、剥蚀演变过程，保护路基边坡的整体稳定性。路基边坡养护要求边坡保持坚实、平顺，遇到缺口、坍塌、高边坡碎落、侧滑等病害时，针对具体情况采取相应的加固措施进行整修。严禁在路堑边坡上和路堤坡脚、护坡道挖土取料、种植农作物、放养牲畜等，保证边坡和边坡防护工程保持稳定状态。具体情况如下：

（1）坚硬岩质路堑边坡的养护。通过日常巡检观察坡面上危石、孤石的松动情况，并对巡查情况进行详细记录、照相归档，发现问题应及时采取措施进行处理，如清除、锚杆挂网喷射混凝土、主被动防护网等，避免边坡掉块危及行车和行人安全。特别是含软弱夹层的顺层边坡，易发生重大安全事故路段，是日常巡查的重点。

(2)易风化或软质岩路堑边坡的养护。日常巡查中应注意坡面岩体风化发展情况,并对巡查情况进行详细记录、照相归档。边坡易风化,坡面易发生碎落、掉块甚至发生局部坍塌时,发现问题应及时采取措施进行处理,如设置锚杆挂网喷射混凝土、主动防护网、嵌补、实体护面墙等,坍塌严重的设置锚索主动加固,保证高速公路的安全运营。

(3)土质路堑边坡的养护。土质边坡受雨水冲刷易发生局部的溜坍、小型的滑坡等,易形成构成严重的安全隐患,应加强巡查,及时发现问题,并根据病害情况及时采取清除塌方,设置干砌、浆砌片石矮墙支挡,种植草灌恢复绿化等方式加固恢复。地表水丰富时,应设置急流槽、排水沟等设施加强排水。

(4)填方边坡的养护。日常巡查中,应注意路基沉陷、冲刷出现缺口等情况,根据情况采取浆砌护肩嵌补缺口、沉陷严重路段开挖夯实、设置盲沟加强排水、钢花管注浆等方式进行处理。

(5)坡面植被养护。日常巡查中发现植被被冲刷破坏时,应在下一次连续强降雨前对冲刷局部进行清理,重新培土种植草灌。发现边坡植物发育不良及有病虫害时,应组织浇灌、施肥和杀虫。

2.4.2 边坡坍塌路段养护

边坡坍塌指路堑边坡发生岩石塌落、缺口、冲沟、沉陷、塌方等。路基挖方边坡坍塌的主要原因是:受长时间降雨的影响,雨水渗入边坡内部进行反复冲刷,在边坡内部造成了显著的滑动面,当滑动面的内摩擦力不足以克服重力的作用时,诱发边坡发生坍塌。严重的边坡坍塌会堵塞路面、边沟,威胁交通安全。

根据坍塌边坡的长度将损坏程度分为轻、中和重三个等级,其中坍塌长度小于等于5m的计为轻度损坏,坍塌长度介于5～10m的计为中度损坏,坍塌长度大于10m的计为重度损坏。边坡坍塌的长度按沿行车方向的长度实地丈量或目测估计。

边坡坍塌主要的养护处理措施一般为:

(1)对于坡高不大,边坡比较平缓的土质坡面,可以采取种草、铺草皮和植树以及“三维植被防护”“湿法喷播”“客土喷播”等技术对坡面进行防护,依靠成活植物的发达根系深入土层,使表土固结。同时可美化路容、协调环境、调节边坡土的湿温,起到固结和稳定边坡的作用。种草适用于不陡于1∶1.5的适宜草类生长土质边坡,对出现少量坍塌的路堑、路堤边坡,一般可采用种草办法加固。铺草皮适用于快速绿化、坡面冲刷比较严重,且坡率缓于1∶1的土质边坡和严重风化的软质岩石边坡。种树适用于坡率缓于1∶1.5的边坡或河滩、河岸的路堤边坡。

(2)对于坍塌严重,坡高大于8m但小于30m的土质或破碎软质岩边坡,可对坍塌松散体进行清除,设置2～5m矮墙支挡,坡面设置实体护面墙(坡比1∶0.5～1∶0.75)或拱形骨架植草护坡(坡比1∶1以上)进行防护处理,坡面设置截排水沟、急流槽加强排水进行处理。

边坡坍塌路段典型照片如图2.3所示。

2.4.3 边坡滑坡路段养护

滑坡是斜坡上的岩体或土体在自然或人为因素影响下沿带或面滑动的现象。产生滑坡的原因既有内在因素,也有外在因素。内在因素是形成滑坡的先决条件,它包括岩土性质、地质

构造、地形地貌等。外因通过内因对滑坡起着促进作用,它包括水的作用、地震和人为因素等。滑坡地段养护维修应注意以下几点:

(1)对于滑坡区的地表排水设备,如截水沟、排水沟、吊沟等,应做到无淤积、无漏水、无冲刷、排水畅通、沟涵相通。对失效损坏处所,应及时修补,确保状态良好。

(2)对于滑坡区的地下排水设备,如支承渗沟、暗沟、隧洞、渗井、渗管等,应定期检查,及时清理和疏通。对失效或损坏处所,应及时修补或整治。地下排水设施,一般每年在春融之后和冰冻之前,在雨季开始之前和暴雨之后,必须仔细观测其流量,掌握其变化规律和排水效果,发现异常及时处理。

(3)对于滑坡区的防护和加固建筑物,应保持完整无损,如有开裂、滑移,必须认真查明原因,采取治理措施,不可麻痹大意,要防患于未然。

(4)对规模大、情况复杂的大滑坡,虽经治理但仍在缓慢变形或间歇变形的,应对其认真观测,实行动态监控,掌握变化规律和发展趋势,以便及时采取有效措施。

(5)保护好山坡植被,做好水土保持,也是滑坡区养护维修的重要任务。

图 2.3 边坡坍塌路段典型照片

建设中一般采取以下措施对滑坡进行治理:

(1)排水措施。滑坡的发生和发展都与水的作用密切相关,排水是防治各类滑坡之本。但应根据具体情况,采用切合实际的排水方式。对滑坡体以外的地表水,应加以拦截和引出,在滑坡可能发展的边界 5m 以外修建一条或多条环形截水沟;对滑坡体以外的地下水,应修建截水盲沟;对滑坡体内的地下水,应疏干和引出,浅层地下水采用支挡盲沟,深层地下水采用泄水隧洞,亦可采用垂直孔群或仰斜孔群排水;对滑体范围内的地表水,应尽快汇集引出以防下渗,在充分利用天然沟谷的基础上,修建排水系统。

(2)减重措施。当滑动面不深,且滑体呈上陡下缓状,滑坡范围外有稳定的山坡,滑坡不可能向上发展时,在滑坡上部减重,以减小滑坡的下滑力,是一种操作简单、经济实惠的防治措施。将减重的土体堆在坡脚反压,以增加抗滑力,效果更好。

(3)支挡措施。根据滑体推力的大小,可以选用适当的支挡结构防滑,主要包括:

①抗滑挡墙。抗滑挡墙是广泛应用的一种防治滑坡措施。它施工方便,稳定滑坡收效快。抗滑挡墙多为重力式和石砌式,也有用混凝土或钢筋混凝土式的情况。

②抗滑桩。抗滑桩是利用桩在稳定岩土中的嵌固力支挡滑体的建筑物。它具有对滑体扰

动少、操作简便、工期短、收效快、对行车干扰小、安全可靠等优点。抗滑桩多为挖孔或钻孔放入钢筋骨架灌注混凝土而成。抗滑桩在滑动面以下的锚固深度,应根据滑体作用在桩上的主动土压力、桩前的被动土压力、岩土性质等来确定。

③锚杆挡墙。锚杆挡墙是一种新型支挡结构,由锚杆、肋柱和挡板三部分组成,用于薄层块状滑坡或基岩埋深较浅、滑体横长滑面较陡的滑坡。具有结构轻盈、节约材料、适宜机械化施工、提高生产效率等优点。

④抗滑明洞。若滑动面的下缘处在边坡上的较高位置,可视地基情况设置抗滑明洞,洞顶回填土石支挡滑体,或滑体越过洞顶落在线路之外。但这一措施对行车干扰大,施工困难,造价昂贵,只有在其他措施难以奏效时采用。

(4)改善滑坡土体的物理力学性质。用物理化学方法,加固和稳定滑坡,如焙烧、成浆、加灰土桩、硅化、电渗、离子交换等。这些方法由于工序复杂、成本较高,仅在铁路上小规模试用,尚未广泛采用。

(5)改线绕避。上述整治措施难以奏效时,在经济技术合理情况下,可以考虑改线绕避。

滑坡是内外各因素综合作用的结果,所以防治滑坡应在弄清滑坡成因的基础上,对诱发滑坡的各种因素进行分析,分清主次,采取相应的工程措施。常用的防治对策有排水、减重、支挡、改善土体物理力学性质等。

滑坡地段典型照片如图 2.4 所示。

图 2.4 滑坡地段典型照片

2.4.4 边坡崩塌落石路段养护

山区高速公路常经过陡峭高峻的边坡或山体斜坡。由风化坚硬岩水平岩层组成的高陡路段,边坡稳定性差,易形成崩塌,影响高速公路运营安全。崩塌路段受地质构造影响严重,多组结构面将岩体切割成不连续体的斜坡,特别是有两组结构面倾向线路,当其中一组倾角较缓时,容易向线路崩塌。水的作用是产生崩塌的重要因素,绝大多数的崩塌发生在雨季或暴雨之后,因为水的渗入,对岩石产生软化、润滑和动水压力作用,使岩体强度降低,内摩擦力减小,促使崩塌发生。除水以外,地震、爆破、人工开挖斜坡及列车振动等都是诱发崩塌的因素。

1)崩塌路段的养护要点

(1)崩塌落石地段应进行定期检查、经常检查和雨季汛期检查。所谓定期检查,是指春检和秋检，对崩塌落石地段及其防护建筑物进行全面的检查。春检时发现隐患，应采取防范措施安全渡汛；秋检是检查汛期过后崩塌落石处所的变化情况及防护建筑物的破损情况，分轻重缓急，安排路基大、小维修计划。

(2)及时清理被拦截的崩塌坠落土石，修理被破坏的建筑物及排水设备。

(3)对范围大、数量多、危石分散、清除整治困难的崩塌落石地段，应设置报警装置，以防发生事故。

2)主要防治措施

(1)对崩塌落石地段，严重者应予以绕避，不能绕避时，应修建必要的预防性工程，防患于未然。

(2)维修应对可能发生崩塌落石地段，加强检查巡视，发现变形失稳征兆时，应及时采取措施，治早治小，防止因病害扩大而导致灾害的发生。

(3)崩塌发生后，整治工作要坚持“一次根治、不留后患”的原则，否则，往往会招致更大的灾害。

(4)常用的防治措施有如下类型：

①拦截类。适用于小规模、小块体的崩塌落石。拦截构造有落石平台、落石坑、落石沟、拦石墙、钢轨栅栏及柔性拦石网等。

②遮拦类。适用于规模较大的崩塌落石，遮拦建筑有各种明洞和棚洞。修建明洞、棚洞，既可遮挡崩塌落石，又可对边坡下部起稳定和支挡作用。

③支挡加固类。适用于不宜或难于消除的大危岩或不稳定的大孤石。支挡建筑有支顶墙、支护墙、明洞式支墙、支柱、支挡等。

④护坡、护墙。适用于易风化剥落的边坡。边坡陡者用护墙，边坡缓者用护坡。

⑤改线绕避。上述措施不能奏效时，应考虑改线绕避。

边坡崩塌落石路段典型照片如图2.5所示。

图2.5 边坡崩塌落石路段典型照片

2.5 山区高速公路填方路基主要病害类型及养护措施

山区高速路基填方多，高填方边坡比例大，路基填方边坡病害按其破坏规模与原因的不同，主要表现为填方路基沉陷和水毁等。

2.5.1 路基沉陷段养护

1）主要原因

高填方路基沉降主要是由于路基或地基因施工压实不到位或自然沉降时间不足导致不均匀下沉造成的，一般发生在地质及地形变化处、地表水及地下水影响严重处、填挖结合部以及填筑材料发生显著变化的部位。高填方路基沉降，受到自然环境如地质、地形、水文及气候等条件影响的同时，也受到路基自身荷载和车辆动载的作用。

2）高填方沉降现场评定

路基沉降指路基出现深度大于 30mm 的整体下沉。路基沉降易发生在高填方路段，严重时会直接影响到公路的正常使用，并导致路面损坏，影响行车安全。路面标线扭曲通常是路基发生整体沉降的标志之一。路基施工时，压实不足、填筑方案不合理是造成路基沉降的主要原因。

路基沉降损坏以"处"为单位进行记录和统计。按路基沉降的长度分为轻、中和重三个等级，其中损坏长度小于等于 5m 的计为轻度损坏，长度介于 5～10m 的计为中度损坏，损坏长度大于 10m 的计为重度损坏。损坏长度按沉降部分沿行车方向的长度实地丈量或目测估计。

3）养护要点

(1)加强对防水、排水构造物的养护工作，确保路基范围内纵横向排水设施畅通无阻；发现水毁地段应及时加固修补，避免路基遭遇水的浸泡；对地下水位高的地段，要挖排水沟降低地下水位。

(2)对沉降量大形成跳车的路段，应分析原因并采取注浆加固等有效措施稳定路基，及时修补破损路面保证车辆安全行驶。

(3)对风蚀、水蚀的路基边坡，要及时修补加固，确保路基安全。

(4)在有条件的情况下做好坡面植被防护，稳定路基边坡。

4）主要防治措施

(1)换土复填法。因填筑土质不符合要求，路基出现下沉但面积不大且深度较浅时，可采用换土复填方法，简便快捷。此方法是将原路基出现病害部分的土挖去，更换符合规范要求的土。一般采用级配较好的砂砾土以及塑性指数满足规范要求的亚黏土为宜。回填时，挖补面积要扩大，且逐层挖成台阶状，由下往上，逐层填筑，碾压密实，压实度要求高出原路基压实度 1～2 个百分点为宜。

(2)固化剂法。处理高填路堤的下沉时，如果更换路基填料受到限制，且填筑料数量不大时，可在原填料中掺入固化剂处理路基病害。目前，固化剂的种类很多，在道路工程中使用时，可根据路用土的种类与固化剂的成分、类型选用。各种固化剂的性能与使用方法可参照有关资料。

(3)粉喷桩法。处理 10m 以内的路基下沉病害时，采用粉喷桩加固技术是较为理想的一种方法。粉喷桩法处理软基土，即是通过专门的机械将粉体固化剂喷出后在地基深处就地与软土强制搅拌，利用固化剂和软土之间新发生的一系列物理、化学反应，在原地基中形成强度与刚度较大的桩体，同时也使桩周土体性质得到改善，桩体与桩间土体形成复合地基共同承担外荷载。

(4)灌浆法。灌浆法是利用液压、气压或电化学原理,通过注浆管将浆液均匀地注入地层中,浆液以充填、渗透和挤密等方式占据土粒间或岩石裂缝中的空间,经人工控制一定时间后,浆液将原来松散的土粒或裂隙胶结成一个整体,形成一个结构新、强度大、防水性能高和化学稳定性良好的"结合体"。

路基沉陷典型照片如图 2.6 所示。

图 2.6 路基沉陷典型照片

2.5.2 路基水毁段养护

山区季节性洪水水量大,可对路基造成严重的破坏,严重时可冲毁路基。水毁冲沟边坡损坏的是边坡水毁的一种形式,它是指填方路段的边坡出现冲沟、缺口、沉陷等损坏,水毁冲沟损坏会严重影响路基的稳定性。路基水毁的主要原因是山区公路中,路基多采用半填半挖或全部为填方筑成,填方位于自然陡斜坡,填料采用开山石渣,由于基底软弱土层施工清除不完全,在雨水长期浸泡下,填方坡体易沿原地面的软弱土层发生整体滑移,或季节性洪水冲刷将路基冲毁。

水毁冲沟损坏按"处"进行记录和统计。按冲沟的深度将损坏分为轻、中和重三个等级,其中冲沟深度小于等于 0.2m 的计为轻度损坏,冲沟深度介于 0.2～0.5m 的计为中度损坏,冲沟深度大于 0.5m 的计为重度损坏。测量冲沟深度时用直尺架在冲沟两侧,然后测定直尺与冲沟底部的最大距离。

易发生水毁的路基路段养护要点为:

(1)在汛期前进行必要的水文观测,掌握洪水的动态,并与当地气象、水文部门取得密切联系,及时收集水、雨情况预报资料;或向沿河居民进行调查,预先了解洪水的强度、到达时间和变化情况,以判断对公路的危害性。同时,应注意积累和保存观测资料,作为今后制订公路改善和加固措施的依据。

(2)对山区公路的路基、路面、桥涵及其排水防护等设施,应进行预防性及经常性保养、维护与加固,使其各部分都处于完好状态。要对现有公路抗洪能力进行综合评定工作,确定所管养的危险路段,找出薄弱环节,制订分步治理实施计划。防患于未然,最大限度地降低公路水毁损坏。

(3)积极准备,开展汛前全面检查。汛期前组织专人对管养路段进行一次全面彻底的调查和预防性水毁的技术调查,对一些活动性滑坡及沿河路段的河床冲刷情况安排专人定期观测,做好记录;发现水毁隐患及时采取有效措施进行处理,特别是要加强桥涵、边沟的清淤工作,保证桥涵净空高度,疏通完善各种排水、防护设施,经常保持排水设施处于良好状态,以提高公路、桥涵及沿线设施的抗洪能力。

(4)要牢固树立"治路必先治水"的观念,土质边沟应经常保持设计断面,及时清除淤塞和杂草,沟底保持不小于0.5%的纵坡,满足排水需求;当边沟长度过长,应分段将水引出路基以外,不使水积聚在边沟内,影响路基稳定。

(5)要坚持雨天巡路制度,做到灾情及时发现及早抢修,重点检查涵洞进水口是否堵塞,沉沙井有无淤积。

水毁路基路段的主要防治措施为:

(1)设置片石混凝土挡墙进行支挡,基础置于稳定岩土层。

(2)设置浆砌片石护坡防止河水冲刷,设置修筑丁坝、顺坝等工程或河道整治(理顺、改道),改变河道水流结构等。

水毁路基路段典型照片如图2.7。

图2.7　水毁典型照片

2.6　山区高速公路路基防护工程的养护管理

1)防护工程分类

山区高速公路防护工程复杂多样,路基防护工程主要分为防护工程与支挡工程两大类。一般来说,把用作防止路基被冲刷和风化,主要起隔离作用的设施称为防护工程;把防止路基或山体因重力作用而滑塌,主要起支挡作用的结构称为支挡工程。

防护工程的主要形式有植物防护(如种草、铺草皮、植树、三维植被网等)、柔性防护、石砌护坡(如干砌片石或块石、浆砌片石或块石、护面墙、钢筋混凝土预制挂板等)、抛石或石笼护坡、坡面处治(如抹面、喷浆、勾缝、灌浆、嵌补等)、导流构造物。支挡加固工程的主要是挡土墙、抗滑桩、框架锚索等。

骨架防护工程养护的主要任务为对各种边坡防护加固工程设施进行经常检查、维护,保证其处于良好状态,发现破损及时修复。路基构造物损坏以处为计量单位。按损坏长度分为轻、中和重三个等级，其中损坏长度小于等于 5m 的计为轻度损坏，损坏长度介于 5～10m 的计为中度损坏，损坏长度大于 10m 的计为重度损坏。

2)各类防护工程的养护要点

(1)主动、被动柔性防护网养护

巡查时若发现柔性防护网锚头发生封闭、锈蚀，应采用混凝土进行锚头封闭。若发现柔性网内有落石兜集，必须及时组织人员对落石进行清除；若发现柔性网发生破损，应采用原规格柔性网进行修补，修补应注意新老柔性网的衔接。

(2)骨架坡面防护

骨架坡面防护中，骨架主要起固土防雨水冲刷的作用。若发现坡面骨架由于雨水冲刷局部损坏，应及时恢复破坏的骨架；对由于坡面坍塌导致骨架损坏严重的边坡，应及时清除坍塌体，采用矮墙支挡、浆砌片石嵌补等处理后培土恢复坡面植被，设置急流槽、排水沟、截水沟加强坡面排水。

(3)圬工挡墙养护

挡墙作为边坡支挡构筑物，除进行常规检查外，还应定期检查。检查挡墙是否出现开裂、断裂、鼓胀、下沉、排水孔排水情况等。应查明原因并观察监测其发展状况，采取相应合理的措施进行维修加固。若由于排水孔排水不畅导致挡墙发生变形，应疏通原有排水孔、增设排水孔疏通墙背积水；若发现由于坡面冲刷导致挡墙局部破坏，应设置急流槽、排水沟加强地表排水，恢复挡墙；若发现坡面发生整体变形都在挡墙变形破坏，应进行专门监测，并及时上报，及时组织专家进行确诊后进行综合治理，并建立专门档案。

(4)锚固工程的养护

框架锚索、锚杆等锚固工程在山区高速公路边坡治理中使用频繁。锚固工程使用量大，由于长期暴露在自然环境中，锚固工程会发生不同程度的松弛，给运营安全造成极大的安全隐患，因此锚固工程的养护管理极其重要，养护过程中要注意检查和养护。检查混凝土外锚头、框架是否有变形或开裂，若发现存在变形和开裂应分析原因，若由于下部脱空引起，应采用混凝土嵌补，用环氧树脂或混凝土黏结剂涂抹断缝；若由于锚固力不足导致坡体整体变形，引起锚索及框架梁破坏，坡体出现拉裂缝，导致框架梁断裂，应进行专门监测，并及时上报，及时组织专家进行确诊后进行综合治理，并建立专门档案。

检查锚头是否锈蚀、积水，若有应及时排水后封堵水源然后进行除锈处理。框架内若有积水，应及时将水体排除，并根据实际情况设置排水沟加强地表水排泄，设置排水孔加强地下水排水。

(5)抗滑桩等大型支挡结构工程的养护

对特殊地段的大型的支挡结构，应设置长效的监控量测措施，进行地表的变形监测和深层的位移监测等。平时的巡查主要观测桩体变形或是否出现拉裂缝情况、桩间挡墙或挡板变形情况以及排水孔排泄情况等，若发现异常及时上报，应及时组织专家进行确诊后进行综合治理，并建立专门档案。

雨季前或连续强降雨期间，应增强对边坡防护特别是大型支挡构筑物的巡查和监测，防止连续暴雨，恶化坡体地质环境，坡体失稳变形从而导致边坡支挡防护发生变形破坏，威胁公路的运营安全。

山区高速公路边坡工程占路线比例大，边坡稳定对公路运营安全至关重要。边坡养护管理难度大，坡体先期变形不易发现，对于较大型复杂边坡，应逐步考虑采用智能监控系统检测边坡的变形，确保及时发现问题并及时进行针对性处理。

2.7 山区高速公路路基排水设施养护

2.7.1 路基排水设施养护的一般要求

路基排水系统包括边沟、排水沟、截水沟、涵洞及暗沟等。路基排水设施的主要作用是将路基范围内的土基湿度降低到一定的范围内，保持路基常年处于干燥状态，确保路面具有足够的强度和稳定度。路基排水设施分为地面排水设施和地下排水设施两大部分。雨水、雪水及大小河沟溪水等地表水，是对路基造成危害的主要水源，主要靠路基排水进行排除。包气带水、潜水及层间水等地下水对路基的危害程度因埋藏情况而异，轻者能使路基湿软，降低路基强度和路面的承载力，重者会引起冻胀、翻浆或造成边坡滑塌，甚至整个路基沿倾斜基底滑动。

排水系统淤塞指各种排水设施发生淤积或堵塞，是排水系统的主要病害。排水系统淤塞导致路面或路基水无法及时排出，会加剧水对公路的损坏。沟内杂草未能及时清除或有垃圾、碎砾石、土等堆积，是造成排水系统淤塞的主要原因。

按淤积程度及排水情况将排水系统的损坏分为轻度和重度，并采用不同的计量方法。对排水系统淤积，但仍可排水，只是过水面积减小的情况，计为轻度损坏，按长度计量；对排水系统发生全截面堵塞，无法排水的情况，计为重度损坏，以处为计量单位。按长度计量时，按发生淤积的边沟长度实地丈量或目测估计。

路基排水设施的养护主要是通过经常性、预防性的养护和维修，确保其功能完好、排水顺畅，同时根据实际情况，不断改善路基排水条件。具体要求如下：

(1)对各种排水设施，应设置合理，功能完好。

(2)汛前应对各种排水设施进行全面检查疏通，对发现的病害及时进行整治。

(3)暴雨后应对排水设施重点检查，如有冲刷、损坏，应及时修复加固；如有堵塞应立即清除。

(4)排水设施的进出水口应保持畅通完好。

2.7.2 地面排水设施的养护管理

路基地面排水结构物，一般包括边沟、截水沟、排水沟、跌水、急流槽和涵洞等。涵洞虽然也是主要排除地表水，但其处于隐蔽环境，较边沟等养护复杂，故单独叙述。

1)边沟、截水沟、排水沟

边沟是设置在路基边缘的排水沟，主要用以汇集和排除路基范围内和流向路基的少量地面水，它是矮路堤和路堑不可缺少的排水设施。边沟一般采用浆砌片石或片石混凝土结构，通常为梯形断面和矩形断面。

截水沟又称天沟，一般设置挖方路基边坡坡顶以外，或山顶路堤上方的适当地点，用以拦截路基上方流向路基的地面水流，防止冲刷与侵蚀挖方边坡和路堤坡脚，减轻边沟水流的泄水负担，保护挖方边坡和填方边坡不受水流的冲刷。截水沟一般采用梯形断面。

排水沟是将路基范围内各种水源的水流，引至路基范围以外指定地点的排水构筑物。对边沟、截水沟、排水沟的养护工作，主要是雨季来临前应进行全面的排查和疏通，及时排除堵塞物，保持水流畅通，防止水流集中冲坏路基，每次大雨后，应重点检查有危险的地点，如有被冲刷、损坏现象，应及时修理或加固。

2)跌水及急流槽

跌水及急流槽是山区高速公路常见的排水设施，主要应用在地形险峻、排水沟渠纵坡较陡、水流湍急、冲刷力强的地方。设置跌水、急流槽可以降低水的流速、消减能量、接引水流，防止急流对路基及沿线农田的冲刷。

跌水及急流槽的构造主要由进水口、台阶和出水口三个部分组成。台阶高一般为0.3～0.6m，台阶纵坡为2%～3%。

跌水和急流槽的养护工作主要是雨季前仔细、全面检查，防止因多方面原因而阻塞水流的情况出现，发现问题及时疏通，确保在暴雨时能畅通无阻。同时，大雨后也要重点检查，如若发现被冲刷损坏路段，应组织人员及时修复。

2.7.3 地下排水设施的养护

地下排水设施主要包括暗沟、渗沟、渗井等。

1)暗沟养护管理

暗沟是设在地面以下引导水流的沟渠，其主要作用是把路基范围内的泉水或地下集中水流排到路基范围以外，确保路基的稳定、安全。暗沟的断面形式可分成矩形和梯形两种。暗沟的养护主要是要经常进行检查，如发现堵塞、淤积等现象时，就应及时进行清除冲洗。尤其是雨季，应保证流水畅通无阻。

2)渗沟养护管理

渗沟是汇集并拦截流向路基的地下水，通过沟底通道将水排至路基范围以外的地表排水设施。渗沟可分为盲沟、管式渗沟、洞式渗沟三种形式。

盲沟是设在地下水流量不大、地下水流地段不长的地方。盲沟也称填石渗沟，沟内全部采用颗粒较大的坚硬石料填充，沟底纵坡应不小于3%，一般为5%，沟宽不小于0.6m。

管式渗沟是设置在地下水量较大、埋藏较深和引水较长的地段，其深度达5～6m。管式渗沟采用排水管来排泄地下水。若渗沟过长时，应多设横向泄水管，间距不大于250～350m。水管可用陶土、混凝土或石棉水泥材料，直径一般为100～300mm，管壁应设渗水孔眼，基座宜用片石干砌，排水管纵坡不小于0.5%。

洞式渗沟是在地下水量较大或缺乏水管时，可用石砌沟洞的方法排水。洞式渗沟相当于顶部可渗水的涵洞，洞的大小主要按设计的流量而定，沟底的纵坡不小于0.5%。

渗沟养护的主要内容如下：在检查中若发现沟口长草、堵塞，应及时清理和冲洗，确保渗沟的畅通；若发现碎(砾)石层淤塞而不通时，则应及时组织人员翻修；若认为渗沟所在位置不妥，不能将地下水全部排至路基外时，应根据具体情况另行修建渗沟。

3)渗井养护管理

当地下存在多层水层，且影响路基的含水层水量不大时，可设置渗井，将地下水通过垂直方向的渗井渗入下层透水层中排除。

渗井一般为圆形，井台由中心向四周分别填入由粗而细的砂石材料。

渗井的养护内容包括：经常检查路基周围有无渗漏现象，仔细检查渗井内的淤泥，并及时排除淤泥。如发现渗井的位置不妥时，可以考虑改修渗井。

2.7.4 涵洞的养护管理

涵洞是山区高速公路路基的重要排水设施，其位于路基以下，位置隐蔽，功能重要，对养护管理的要求相对较多。

1）养护要求

为保持涵洞的正常使用，应经常对其进行检查。洪水和冰雪季节之前，要对所有涵洞全面检查一次，检查内容一般有：涵洞上、下游洞口及洞内有无淤塞、冲刷、积水；涵洞洞身有无开裂；填土有无沉陷；涵底涵墙有无漏水；洞口翼墙是否完整；沉沙井有无淤积；洞口铺砌有无冲刷脱落等问题。如有隐患，应组织力量及时排除，以保证涵洞洞身、涵底、进出口、护坡和填土完好、清洁、不漏水，使涵洞充分发挥它的功效。

2）常见的病害及处理措施

（1）涵孔堵塞的处理措施

对涵洞孔内流水情况经常检查，特别是每次大雨或河水上涨后，尤需进行检查。如管涵的搭接处存有淤积物，或有漂浮的杂物堵塞涵孔，应及时疏通、清除，保证水流畅通。

洞口和洞内如有积雪应尽快清除，被清除的积雪必须抛弃到路基边沟以外。经常积雪很深地段的涵洞，应在入冬前在洞口处加设栅栏，或用柴草捆堵住洞口。春融时，再拆除栅栏，开放洞口。

如果经常有流水的涵洞孔径过小，容易造成冰堵而损毁，应将原涵孔径扩大。对于倒虹吸涵，应在冰冻前将洞内积水排除，并将两端进出口封闭。

跨越边沟的涵洞孔内最易被泥土等杂物堵塞，应注意经常检查、疏通，并保持一定纵坡。

涵洞排水如经常出现混浊或杂物，可在进水口加设沉沙井以沉淀泥土杂物，并注意定期排除杂物。

（2）涵底和洞壁两旁出现渗漏的处理措施

①用水泥砂浆对铺底和洞壁勾缝。

②疏整水道，使洞口铺砌与上、下游水槽坡道平齐顺适。

③保持洞中底面平顺，并有适当的纵坡，不使水流在铺底范围内发生漩涡而淘深缝隙，造成漏水。

④对于山谷高填土的涵洞，纵坡大、流速急，对洞口、洞底铺砌应加强检查，发现裂缝立即填塞。

（3）涵洞的常见损坏现象及处理

①涵洞洞顶漏水。挖开洞顶的填土，用水泥砂浆或水泥石灰浆修理损坏部分，并衬砌胶泥防水层。

②由于填土松软、雨水浸灌造成涵洞端墙或翼墙发生倾斜，应更换土壤或用石灰土回填并

夯实。

③基础不均匀沉降造成端墙和翼墙倾斜，应修理和加固基础。

④涵洞的表面发生局部风化、轻微裂缝及砖灰缝剥落等现象，应及时用水泥砂浆勾缝或修补封面。

⑤管涵的管节因基础的沉降而发生严重错裂，应挖开填土，加固基础并重做砂垫层。

⑥混凝土管涵的接头处发生填缝料脱落时，应用干燥麻絮浸透沥青后填实。不宜用灰浆抹缝，以免再次破裂脱落。如需要加固时，可在管外再加筑一层混凝土套壳。

⑦倒虹吸管涵在长期流水作用下容易破裂漏水，造成路基软化。应注意认真检查，如虹顶路面出现湿斑，应及时修理。

⑧涵洞的出水口冲刷严重时，可采取浆砌块石铺底、水泥砂浆勾缝等措施进行加固。

第3章 路面工程养护管理

路面是高速公路基础设施的重要组成部分。高速公路路面直接为车辆提供高速行驶的承重面,车辆在高速公路上运行质量的优劣,除了车辆自身特性外,完全取决于路面的表面特征。由于高速行驶的车辆对路面的荷载作用与静止状态或低速行驶时有很大区别,与一般公路相比,如何满足高速行车的功能需求,体现高速公路快速、安全、舒适的优越性,为用户提供优质的服务水平,对高速公路的路面养护管理提出了更高的要求。因此,高速公路路面养护管理是高速公路养护管理工作的核心。路面养护管理的核心任务,就是在全寿命周期内采用最少的投入来确保路面的行车安全性和舒适性。

路面的要求主要有以下 5 个方面。

(1)足够的强度:抵抗车辆对路面的破坏或产生过大的形变。

(2)较高的稳定性:使路面强度在使用期内不致因水文、温度等自然因素的影响而产生幅度过大的变化。

(3)一定的平整度:减小车轮对路面的冲击力,保证车辆安全舒适地行驶。

(4)适当的抗滑能力:避免车辆在路面上行驶、起动和制动时发生滑溜危险。

(5)清洁:行车时不致产生过大的扬尘现象,以减少路面和车辆机件的损坏,减少环境污染。

3.1 山区高速公路路面特点

目前,我国高速公路路面的类型主要采用沥青混凝土路面,它具有平整性好、高速行车舒适平稳、噪声低、施工机械化程度高、养护维修方便等优点,加之具有足够的强度和耐久性,因此被大量应用于高速公路当中,作为路面结构的主要形式。随着近年来沥青路面技术的不断发展,如半刚性基层沥青路面、沥青混凝土抗滑表层的出现等,有效克服了传统沥青路面的缺点,提高了路面使用性能和使用寿命。由于山区独特的地形地貌特征,且受复杂地质条件的影响,使得山区高速公路的路面主要呈现出以下几个特点。

(1)地形、地质及气候条件复杂。山区高速公路地形、地质复杂,道路起伏大,气候变化大,从而导致路面状况复杂多样。

(2)陡坡路段多。由于山区的典型特点,地势高差大而且范围广,陡坡路段出现频繁,由于上下坡车辆制动频繁,加上重车作用,对路面产生严重影响。

(3)桥隧比例高。山区高速公路桥梁隧道比例大,桥面铺装和隧道铺装在路面中所占的比例较大。

(4)海拔高,凝冰路段多。我国大部分山区海拔较高,气候寒冷,凝冰路段时多,特别是桥隧相连路段及风口路段,凝冰现象更为明显,对沥青路面具有重大影响。

(5)在山区高速公路产生的病害方面,由于地形起伏大,路基模量变异性大,年降雨量大,气候环境复杂,路面病害主要集中在三个方面:由于水的原因导致的水损害类病害;由于路基沉降及地质原因产生的反射类病害;由于超载原因产生的结构性破坏。

3.2 山区高速公路路面主要病害类型

山区高速公路路面的病害形态和特征多样,造成路面病害的原因复杂,由于环境、地点、气候条件、行车荷载等不同,山区高速公路在运营过程中,路面病害主要体现在以下几个方面。

1)沥青路面车辙病害

沥青路面车辙是在道路延长方向车轮集中通过位置上所产生的连续纵向变形,即在行车荷载反复作用下,路面产生累积永久性的带状凹槽。在山区高速公路路面病害中,车辙已成为一种较为普遍的病害,如图 3.1 所示。

图 3.1 车辙病害

沥青路面出现车辙的主要原因如下:

(1)沥青混合料热稳定性不足。主要原因为矿料级配不合理,细集料偏多,集料未形成嵌锁结构;沥青用量偏高;沥青针入度偏大或沥青质量不好。

(2)由于雨水渗透侵蚀基层表面的粉料,使其软化进而形成车辙。

(3)沥青面层、基层施工时未充分压实,在车辆反复荷载的作用下,轮迹处被进一步压密而出现下陷,这是车辙形成的主要原因,车辙主要出现在行车道上。

2)沥青路面水损害

沥青路面水损害是我国许多高速公路沥青路面的主要病害形式。在山区多雨潮湿的气候条件下,沥青路面受到水损害的情况尤其严重。连续降雨后,路面积水会使沥青路面长时间浸泡在水环境下,路面水分通过沥青混合料的孔隙渗入沥青路面表面层,引起沥青路面发生水损害。

沥青路面水损害的表现形式主要有松散、坑槽、唧浆等。典型的坑槽病害如图 3.2 所示。

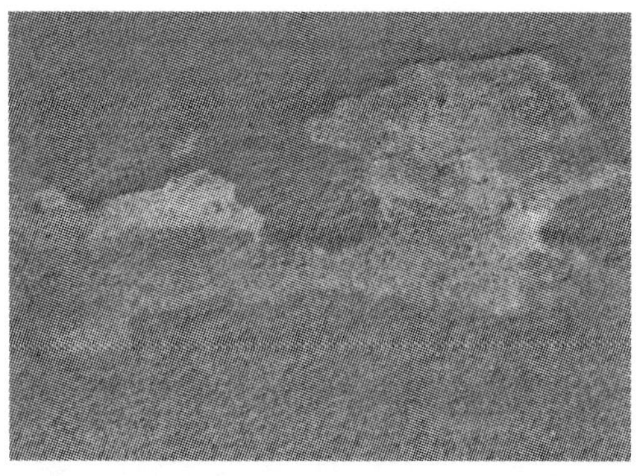

图 3.2　坑槽病害

3)裂缝

沥青路面受到路基不均匀沉降、温度以及荷载等多种因素的影响,都会产生不同程度的裂缝。按照裂缝的表现形式,裂缝可以分为纵向裂缝、横向裂缝、龟裂以及块状裂缝,如图 3.3、图 3.4 所示。

图 3.3　纵向、横向裂缝

图 3.4　龟裂、块状裂缝

4)其他病害

山区高速公路路面的其他病害，主要有以下几个方面。

(1)沉陷。沉陷是由于路基、路面产生竖向变形而导致路面下沉的现象。路面沉陷一般是由于基层局部成形不足、强度不够，在行车荷载和自然因素等作用下形成的。此外，山区高速公路由于地形和地质条件复杂，很多填方路基出现不均匀沉降或局部滑移也常常导致沉陷的发生。典型沉降病害如图 3.5 所示。

图 3.5 沉陷病害

(2)波浪。波浪是指在沥青路面上形成的有规则的低洼和凸起变形。波浪的产生，是由于沥青洒布不均匀，造成局部路面沥青多的部分矿料厚，沥青少的部分矿料薄，使得路面结构不能够承载车辆轮胎的水平作用力而发生破坏。

(3)拥包。拥包是由于沥青面层材料的抗剪强度不足，在车辆轮胎对路面的水平摩擦力作用下，路面材料沿交通流方向出现较大的位移，造成路面沥青混合料推挤、拥包的现象。

(4)泛油。沥青路面由于混合料中沥青用量偏多、沥青稠度太低、集料黏附性差或沥青混合料的设计空隙率小等原因引起泛油。在高温季节沥青路面的沥青受热膨胀，在车辆荷载的作用下被挤出，表面形成薄油层。有时也由于低温季节施工，表面嵌缝料散失过多，待气温变暖后，在行车作用下矿料下挤，沥青上泛，表面形成油层而引起泛油。

(5)磨光。如果沥青混合料中的集料的硬度和耐磨性不好，暴露在沥青路表面的矿集料颗粒在车辆轮胎的摩擦作用下逐渐变光滑的现象称为磨光。磨光会直接对路面的抗滑性能产生影响。

3.3 山区高速公路路面养护管理特点

1)成本高

高速公路建成后，结构物寿命相对较长，而路面受重载交通和水毁等影响，结构破坏较为频繁，路面大、中修成为养护管理的主要内容。由于高速公路建设标准高、路面养护范围广、材料选用标准较高、机械规模及使用比例较大、施工程序复杂，且养护中保畅要求高，使路面养护成本普遍较高。

2)养护重点分散

除全线统一的大、中修任务外，由于山区高速公路的特点，路面在连续纵坡段、桥隧相接段、凝冰及水丰富路段破坏较为突出，日常养护点多且分散，养护组织复杂。

3)养护保畅压力大

由于山区高速公路桥隧相连，且地形地质复杂，往往在平行路段没有替代公路，在高速公路路面大中修过程中，不能完全封闭施工，养护保畅压力大，安全隐患突出。

3.4　山区高速公路路面预防性养护管理

1)沥青路面预防性养护的使用条件

美国国家公路与运输协会将预防性养护定义为：预防性养护是一种在路面状况良好的情下采取的对现有路面进行有计划的、基于费用—效益的养护策略。预防性养护在没有提高路面结构能力的情况下，可以延迟路面的损坏，维持或改善路面现有的行车条件，通过延长原有路面的使用寿命来推迟昂贵的大修和重建。

预防性养护适用于路面状况良好的路面，而“路面状况良好”是指路面尚未发生结构性损坏，也就是说，发生结构性损坏的路段已经不再适合进行预防性养护。因此，应对路面状况进行定期调查，根据调查结果，在路面结构良好或是路面病害发生初期对其进行养护，不让路面病害进一步向更深层次发展，从而延长路面使用寿命，保持路面完好，改善道路平整度，提高路面质量，降低路面寿命周期成本，延长中修或大修期限。

预防性养护的目标是道路管理者与道路使用者的平均车公里全成本最低，道路管理者全寿命周期内平均车公里路面成本最低。实现上述目标要同时满足如下两个条件：

①路面全寿命周期尽可能延长(最低要达到其设计年限)。

②路面在使用周期内尽可能保持较高的路况质量(PCI>70)。

路面状况与路面使用寿命曲线如图 3.6 所示，当路面使用到 12 年时，路面使用状况下降了 30％，如果在此时进行维修，需要的费用假设为 1；而如果等到路面使用到 16 年时再进行维修，则需要的维修费用为 4～6。

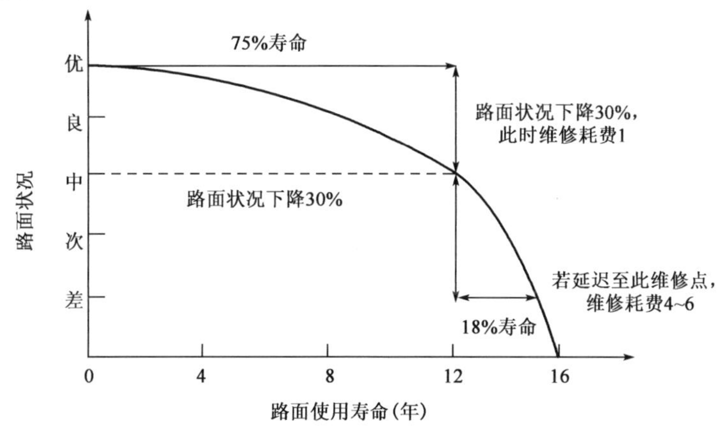

图 3.6　路面状况与路面使用寿命曲线

由于各种不确定因素的影响，例如设计、施工、交通荷载、气候条件等，路面在使用过程中会出现轻微车辙、开裂、集料剥落等路面病害。如果养护不及时，这些病害会加速发展和扩大，造成整个沥青面层甚至基层结构的破坏，会对后期的养护工作造成极大的影响，不仅加大了养护难度，而且增加了养护费用。如果在病害初期就对破损路面进行处理，不但会延长其使用寿命，还会节约路面的全寿命周期费用。

2)沥青路面预防性养护决策

(1)选择合适的养护时机

搞好预防性养护的关键，是如何根据路况、交通量、养护目标、资金情况和其他综合因素来选择合适的预防性养护时机及合理的预防性养护技术。

要树立科学决策的理念，采用科学决策的方法，按照科学决策的程序，实现公路养护科学决策，达到全寿命周期内既能保证优良的路况水平又能使总费用(包括建设费、养护运营费和用户费用等)最低的目标。在确定养护投资方案时，不仅要考虑路面初始性能和费用，而且应全面考虑路面在维修改造后，整个寿命周期(分析期)内发生的各种费用和产生的效益，寻求满足经济优化目标的最佳投资方式。

养护决策需要考虑两方面的需求：一是当路况指标达不到规定的技术要求时须采取的养护措施；二是路况指标虽达到了技术要求，但根据全寿命周期费用分析需要而采取的预防性养护措施。科学决策最终要落实到养护规划和养护计划的编制上。严格地讲，预防性养护时机并没有一个明确的时间表，要根据道路使用年限、路况质量、交通量大小、养护预期目标和经济能力综合考虑确定。但总体上要把握住“预防性养护是养好路”的观念和“预防性养护触发值”的发生时机。

按交通运输部的要求：重点对路面使用性能指数(PQI)在85以上，实施大修或改建超过4年的路段实施预防性养护。

在实际决策和操作中，需要综合考虑路面使用时间和对单项技术指标情况进行筛选，山区高速公路沥青路面可实施预防性养护的时段和单项指标建议可以参考以下范围：

①达到路面设计年限的30%～40%。

②通过当量轴次交通量的40%～50%。

③路面破损状况指数PCI为85～90(DR=0.4～1)。

④路面行驶质量指数RQI为85～90(IRI=2.2～3.0)。

⑤路面结构强度指数PSSI为80～85(SSI=0.8～0.87)。

⑥路面车辙深度指数RDI按养护技术规范要求确定。

⑦路面抗滑性能指数SRI按养护技术规范要求根据不同道路等级确定。

预防性养护路段的确定：

①通过路面管理系统，将符合上述7种情况的路段分别列出。

②对列出的路段进行排序。

③根据养护目标和资金安排情况选择预防性养护具体路段和技术方案。

④现场核实和调整。

⑤列入年度公路养护计划。

(2)完善预防性养护决策机制

预防性养护的决策基本信息都来源于每年的常规公路检测项目,山区高速公路一般没有专门针对预防性养护决策、效果评价的专门分析过程。部分区域在决定实施的预防性养护具体措施时,依据的是本地已有的预防性养护技术,存在措施选用不完全合理的情况。大部分地区预防性养护措施的最终决策受限于资金,在决策过程中与一般养护方式相同,并且与非预防性养护混合在一起,造成预防性养护实施规模的限制和不连续性。预防性养护监管、效果检验过程中得出的经验或教训大多缺乏统一的反馈与总结模式。

(3)选择合适的预防性养护技术

预防性养护技术一般是指 0～4cm 之间的表面处理技术,主要要包括雾封层、薄膜封层、砂封层、石屑封层、同步碎石封层、稀浆封层、微表处、开普封层以及宏表处等形式,其中以稀浆封层和微表处技术应用较为广泛。许多其他技术也在被经常使用,关键是要使用先进的专用设备和高质量的材料。技术方案选定后,关键是如何组织实施来保证预防性养护工程的施工质量。保证预防性养护质量的因素是多方面的。一般而言,做好养护工程要符合"四个要素",即:先进的技术、精良的装备、优质的材料和严格的管理。对于预防性养护工程,还要再加一条,即合适的季节,因为所有预防性养护工程都有一个共同的作用,就是防水和封水,因此实施预防性养护工程的季节必须是在当地的雨季前或雨季结束一段时间后。

(4)确保预养护资金投入

国内养护资金的划拨大多仍采用逐年逐项审核后划拨的方式,很少有专门的预防性养护资金计划,也没有长期的预防性养护投入规模控制。多数情况下,预防性养护资金划拨仍混于养护资金总额中,受其他类型养护资金需求的影响较大。山区高速公路预防性养护要注意合理确定预防性养护资金。公路养护工作总是受到养护资金制约,而预防性养护具有长期性的特点,因此,在预防性养护推进初期保证其资金非常重要。养护资金逐步转换的基本模式如下:

①以最近 2～3 年内,以小、中修中采用预防性养护的资金投入量作为参考,确定一个年最低预防性养护资金投入量,如全部养护费用的 8%～10%。

②在一个较长周期内(如 5～7 年)维持这一基本量,并通过路段基本信息分析,确定每年的预防性养护资金缺口。

③在周期结束后,根据预防性养护效益总结(路况总体水平的变化情况等)及总体路况水平,确定基本资金投入量基础上增加的额度。

④通过以上过程,逐步加大预防性养护的资金比例。

(5)改变传统的养护思路

需要有步骤、有计划地推进预防性养护模式,在我国目前的基本区域路况水平下,目前养护模式仍将在较长时间内发挥重要作用,但不推进预防性养护,则始终把握不了费效比最佳的养护时机,使养护资金的使用效益低下。所以,其切入点只能是逐步过渡,这其中的关键问题是怎样将预防性养护与现有养护模式融合在一起。从养护任务来看,与预防性养护最接近的养护是小、中修。因此,我国推进预防性养护主要就是要将预防性养护模式纳入小、中修工程中,或者说在小修与中修之间增加预防性养护科目。

3.5 路面养护工作的内容和基本要求

3.5.1 路面养护工作的内容

路面养护工作主要包括如下内容：

(1)日常巡视和定期检查。

(2)清除路面一切杂物，清洗路面油污，排除积水、积雪、积冰，铺撒防滑材料。

(3)处理沥青路面的局部轻微病害。

(4)季节性预防保养修理。

3.5.2 路面日常养护的基本要求

路面日常养护的基本要求如下：

(1)对沥青路面应进行预防性、经常性和周期性养护，加强路况巡查，掌握路面的使用情况，根据路面的实际情况制订日常小修保养和经常性、预防性、周期性养护工程计划。对于较大范围路面损坏和达到或超过设计使用年限的路面，应及时安排大、中修或改建工程。

(2)加强路况巡查，及时发现病害，研究分析病害产生的原因，并有针对性地对病害进行维修处治，保持路面处于整洁、良好的技术状况。

(3)对排水系统的养护，应随时保持各类排水设施排水通畅，进出水口完好。

(4)沥青路面养护工程使用的沥青、粗集料、细集料和填料的规格、质量要求、技术指标、级配组成及大修、中修、改建工程的设计、施工、质量控制，均应符合现行《公路沥青路面设计规范》(JTG D50—2006)和《公路沥青路面施工技术规范》(JTG F40—2004)的有关规定。

3.6 山区高速公路路面的日常养护管理

根据养护管理要求，日常养护管理主要包括以下工作内容。

(1)清除路面一切杂物，清洗路面油污，排除积水。路面清扫应按下列规定进行：

①巡查过程中，如发现路面上有杂物，应及时清扫，保持路面整洁。

②路面的日常清扫，可根据实际情况，采用机械清扫或人工清扫的方式进行，清扫作业频率宜不小于1次/d，路面分隔带内杂物的清理宜不小于1次/月。长隧道内和大型桥梁的清扫频率应适当增加。

③清扫时，应防止产生扬尘而污染环境，危及行车安全，并及时清除和处理路面油类或化工类沾污物。

(2)加强巡路检查，掌握路面情况，随时排除有损路面的各种因素，发现路面初期病害应尽早修理。

(3)连续纵坡路段、桥隧相连路段、易于凝冰的路段等特殊段落的路面应加强观察及巡查，保持路面处于良好的工作状态。

(4)在春融期,特别是汛期以前,应对排水设施进行全面检查并疏通;冬季降雪天气应及时除雪除冰,并采取必要的路面防滑措施。雨天应上路巡查,及时排除堵塞,疏导水流,保持水流通畅。暴雨后应重点检查,如有冲刷、损坏,需及时修复加固,如有堵塞应立即清除。

(5)超高路段应定期检查横向排水管是否堵塞,保证排水畅通;暗沟应经常进行检查,如发现堵塞、淤积,应进行冲洗清除。

(6)做好季节性预防保养修理,沥青路面对气温比较敏感,应根据各地不同季节的气候特点、水和温度变化规律,按照"预防为主,防治结合"的原则,针对季节性病害根源,因地制宜,采取有效技术措施,做好预防性保养和修理。季节性保养修理应符合下列要求。

①春季:做好沥青路面温缩裂缝和其他裂缝的灌、封处理,并及时修补坑槽、松散和翻浆等病害。

②夏季:气温较高是沥青路面养护工程施工的有利季节,应抓住高温期处治泛油、铲除拥包、波浪,及时修复冬寒、雨季临时修补的破损,恢复路面使用质量。

③秋季:由高温逐步降温,必须密切注意天气预报,抓紧完成养护工程年度计划项目,适时做好冬季病害的预防性保养修理。

④冬季:做好冬季病害的防治,做好防雪、防冰、防滑、疏阻、抢险及养护、材料采备工作。

(7)加强路面抗滑性能,重点关注路段(如长大下坡底部等路段)的巡查,及时清除路面泥土、油渍等污染物,确保路面的抗滑性能。如发现路面抗滑能力低,极易导致交通事故发生的路段,应及时上报,必要时可采取加铺抗滑层或采用路面铣刨机恢复其粗糙度等措施来提高路面的抗滑性能。

(8)隧道内路面应加强日常的巡查,对于路面落物、油污应及时清理,如发现坑洞、开裂及破损等情况应及时上报修复。

(9)桥面铺装应经常清扫,保持桥面清洁完整。在雨后要及时将积水通过泄水管排出,冬季结冰或下雪后应及时采取相应的措施清除凝冰和积雪。同时,加强桥面巡查,严禁在桥上堆放杂物,如出现泛油、拥包、裂缝、波浪、坑槽等病害,必须及时采取措施进行修理。桥面防水层如有损坏,应及时修复。

3.7 公路沥青路面的常用维修方法

作为养护管理人员,应了解沥青路面病害的常用维修方法,本节仅作简单介绍,详细方法可参照其他相关资料。

3.7.1 路面裂缝的处治

根据路面裂缝病害程度的不同,病害处治一般有如下几种方法。

(1)温度裂缝的处治

当裂缝宽度在0.6cm以内时,按以下步骤进行处理:

①将缝隙刷扫干净,并用空气压缩机吹去尘土。

②采用热沥青灌缝封堵,缝隙内应灌满沥青,并用木板或铁板刮平,宽度一般在5cm左右

为宜。

当裂缝宽度在 0.6cm 以上时，按以下步骤进行处理：

①剔除缝内杂物和松动的缝隙边缘，或用空气压缩机吹净。

②将缝隙内灌入少许沥青(缝隙的 1/5 左右)，再用砂粒式或细粒式热拌沥青混凝土填充、捣实，并用烙铁封口，灌入薄层沥青，用木板或铁板刮平。

③随即撒上石屑或石粉扫匀。

这种灌缝方法已有多年的使用历史，其优点是工具简单，能够使路面裂缝在短时间内被封堵，阻止雨水进入。

(2)轻微裂缝的处治

在高温季节可采用喷洒沥青撒料压入法修理，或进行小面积封层；在低温潮湿季节宜采用阳离子乳化沥青封层或采用相应级配的乳化沥青稀浆封层。

(3)严重裂缝的处治

因土基、路面基层的病害或强度不足引起的裂缝破损，首先应处理土基或基层，然后修复路面。

(4)大面积裂缝的处治

因路面用沥青性能不好或路龄较长，产生较大面积裂缝，但强度尚好时，可采用以下几种修理方法：

①乳化沥青稀浆封层。

②加铺沥青混合料上封层，或先铺设土工布后，再在其上加铺沥青混合料上封层。

③橡胶沥青罩面。

(5)纵裂缝的处治

有的路段纵裂缝宽度达到 5～6cm，已深及路基，在处治时可采取对纵缝压注水泥浆、封闭固结土基的方法，以防止裂缝的进一步发展。对面层进行切缝处理，沿纵缝两侧切割出 10～15cm 宽的条形槽，深度为上面层，清理槽壁，涂刷黏油层，用细粒式沥青混合料填筑，碾压成型。这种处理方法属柔性联结，可以适应缝宽的季节变化，宜在春融或秋冬交替季节完成。

3.7.2 坑槽的维修

坑槽的修补一般可分为两个时期：一是春、夏、秋季(4 月初～10 月末)为常规修补期；二是冬季(1 月～3 月末，雨天、11 月初～12 月末)为应急修补期。一般情况下，坑槽有以下 4 种修补方法：

(1)热拌材料修补法。将按规定、标准级配比的碎石、砂、矿粉，按一定的级配利用拌和设备加热拌和，温度达到 90～100℃ 时，加入沥青热拌后，将混合料倒出摊铺。

(2)临时应急修补法。一般在冬季或雨季使用(不能使用沥青混合料时)，即临时修补坑槽的紧急措施，控制坑槽扩展，防止车辆通过时发生交通事故。

(3)冷补材料修补法。冷补料用沥青、航空煤油、食用豆油、碎石、砂等材料拌和而成。拌和不需在现场进行，可储存 3 个月左右，随用随取，不受气温限制，在现场铺筑、碾压成型后即可通车。

(4)热辐射墙修补法。这种方法一般可以采用 PM-400-TR48 型黑色路面修补车进行修补。

3.7.3　局部沉陷维修

1)桥头沉陷

采取重新维修路面以及桥头搭板下压浆的方法进行维修。

(1)重新维修路面。路面铺装后产生沉陷,根据调查沉陷高度一般小于 2cm 时,可以不予修补。当桥头路堤与桥面纵向 10m 范围内相对沉降量超过 3cm 时,应予修补。

(2)搭板下部及基层下压浆加固。采用压浆加固技术,主要是解决桥涵墩台不均匀沉降、搭板及盖梁下脱空、路基压实不足等问题。

2)路面沉陷

路面沉陷大部分出现在高填方路段,是山区高速公路较为普遍的病害之一,在处治时分以下 3 种情况。

(1)微沉:纵向 10m 范围内沉降不超过 3cm,跳车不明显,路面横向变形不明显,没有积水现象,对于这样的路段采取日常养护对策,不做处理。养护中注意理顺排水系统,防止形成积水,如有积水,可采取增设流水槽的方法快速排除积水。

(2)沉陷较重:纵向 10m 范围内沉降在 3～5cm 之间,跳车明显,路面已有横向变形。处理时,在合理确定维修长度后,铣刨高处的上面层或中面层,达到纵向平顺,新旧接茬铺筑沥青混凝土路面。

(3)沉陷严重:纵向 10m 范围内沉降超过 5cm,行车颠簸,横向变形严重,路面积水、网裂、唧泥、局部松散破坏。处治时,在合理确定维修长度后,将病害段路面全部铣刨到完好的结构层,按原路面结构恢复,用沥青混凝土分层摊铺调平。

由于路基或基层结果遭到破坏而引起的沉陷,应先将土基和基层修理好后,再修复面层。

3.7.4　车辙的维修

车辙的维修分为局部车辙的维修和较严重车辙的维修。

1)局部车辙的维修

局部车辙变形不明显连续长度不超过 30m 的病害段,深度不大于 8mm,行车有小摆动感觉,其维修方法如下:

(1)用铣刨机或风镐翻松车辙表面一定深度(10～20mm),将废料清除干净。

(2)喷洒 0.3～0.5kg/m^2 黏层沥青。

(3)采用与原路面结构相同的沥青混合料铺筑,并充分压实,恢复路面的横坡。

(4)周围接茬处要烙平整合,碾压密实。

2)较严重车辙的维修

较严重的车辙路面变形明显,路面出现横向推移、纵向拥包,车道线或停车线处可能变成变形的曲线。一般连续距离超过 30m 的病害段,深度大于 8mm,行车摆动、跳动感明显。其维修方法如下:

(1)已经稳定的车辙,按局部维修车辙维修方法进行维修。

(2)因基层强度不足、水稳定性不好等原因引起车辙时,则应对基层进行补强或将损坏的基层挖除，重新铺筑。新修补的基层应有足够强度和良好的水稳性，坚实平整。

3.7.5 泛油的处治

泛油路段一般划分为严重泛油、较重泛油和轻度泛油三种。不同泛油路段的处治措施为：

1）严重泛油路段

在高温季节撒料强压处理，先撒一层10～15cm或更粗一些的碎石，用重型压路机强行压入，达到基本稳定后，再分次撒5～10mm的碎石，引导行车碾压成型。

2）泛油较重路段

根据情况先撒5～10mm碎石，待稳定后再撒3～5mm石屑或粗砂，引导行车碾压。

3）轻度泛油路段

撒3～5mm石屑或粗砂，通过行车碾压至不黏轮为度。另外要求在撒料时，必须先撒粗料，撒布要均匀，无堆积，无空白，均匀压入路面。在行车碾压过程中，要及时扫回飞撒的集料，待泛油稳定后将多余集料清扫回收。

3.7.6 拥包的处治

拥包的修理方法主要包括以下几个方面：

(1)属于基层原因引起较严重的拥包，用挖补方法先处理基层，然后再重做面层。

(2)由于面层原因引起较严重的拥包，应在气温较高时铲除后找平，用烙铁烙平；面层较厚时，拥包范围较大，气温较低时，可用路面铣刨机器铣平。

(3)已趋于稳定的轻微拥包，可在高温时直接铲除。

(4)施工时操作不慎将沥青漏洒在路面上形成的拥包，将拥包除去即可。

3.8 公路沥青路面的中修和大修工程

3.8.1 沥青路面的中修

1）沥青路面中修的内容

沥青路面中修的内容包括7个方面，即：

(1)沥青路面局部地段罩面。

(2)沥青路面严重病害的处理。

(3)沥青路面面层普遍性或大范围病害的集中处理。

(4)桥头下沉、桥头搭板或过渡路面的处治、整修。

(5)整段或全面安装更换路缘石或预制块。

(6)整段路面排水系统的增设、补充、完善。

(7)自然灾害、水毁的修复。

2）沥青路面中修的基本要求

沥青路面养护中修的材料、工艺、质量控制等，除应遵循交通运输部颁布的相关技术标准及有关设计或施工技术规范外，还需认真进行路况调查，分析路面技术状况，并遵循下列原则：

(1)认真分析病害产生的原因，采取综合有效、先进、经济的技术措施。

(2)严格按照施工工艺要求进行施工，做好相关材料试验及施工质量控制、检查、验收及技术档案收集管理工作，确保养护维修工程质量。

(3)为满足养护维修工作优质、高效、快速和安全的要求，应积极引进和开发、推广公路养护新技术、新材料和新工艺。

3)病害专项治理中应注意的技术措施

(1)修补时，路床应整理干净，不允许有软弱层、夹层或松散颗粒，特别是纵横向接缝一定要处理好。

(2)在基层上洒黏层油，沥青用量控制在 0.4～0.5kg/m^2，不用需露白。

(3)路面中修时，所选用的路面面层结构类型和厚度，可根据原路面结构情况、当前交通量、气候情况和经验，通过设计确定。上面层采用集料小于等于 5mm 的颗粒可采用石灰岩，大于 5mm 采用玄武岩；中面层以下集料可采用石灰岩。在排水不良路段上、中面层之间以及面层基层之间一般加铺玻璃丝防水层。

(4)一个维修段落，要求连续摊铺，碾压密度按理论密度控制，应大于 95％以上，通过加大振压遍数和控制拌和料温度实现压实度要求。对接缝处碾压应采取逐次推进的方法，确保接缝平整、不渗水。

(5)高速公路维修作业，一般在不封闭交通条件下进行，必须设置明显作业标志，及时清除废渣，机械依次停放。施工人员在保护区内作业，要严格安全作业管理，以确保维修质量和施工安全。

4)路面基层缺陷的处治

高速公路沥青路面面层损坏的同时，有时也会伴随着基层发生损坏，基层维修一般施工工艺流程为：封闭交通→施工放样→开槽处理→拌和站拌和→运输→摊铺整形→接缝处理→养生。

5)路面稀浆封层养护

封层是沥青路面养护工作中采用的一项维修措施，是在原沥青路面上铺筑的上封层。当路面整体强度足够，但面层在长期使用中出现各种破损或磨耗以及平整度、抗滑性能不能满足养护质量标准时，则可适时进行封层，用以全面封闭表面孔隙、裂缝或已修补过的原路面，提高路面的防水、防滑、耐磨性能，改善路面的平整；修复路面轻微病害，使旧路返老还新，延长路面使用寿命，推迟路面的大修周期，降低路面的养护成本。它的适用范围规定如下：

(1)当路面状况指数 PCI 值低于沥青路面破损评价标准的中等状况，但路面使用年限尚未达到罩面的间隔周期时，则可视情况铺筑封层。

(2)虽然路面状况指数 PCI 尚符合养护质量标准的规定值，但其中裂缝、松散特别严重，表面过于光滑、摩擦系数特别低时，亦可做封层处理。

(3)原路面使用年限已久，表面老化、渗水，但强度和稳定性符合养护质量标准规定值，路拱合适，破损现象不严重时，可采取增加一次封层，推迟罩面周期。

在进行沥青路面的封层或罩面前，对原路面的各种病害应先进行妥善处理。

封层可采用拌和法或层铺法施工的单层式沥青，也可采用乳化沥青稀浆封层。稀浆封层的一般施工顺序为：准备工作→放样→上料→摊铺→初期养护→碾压→开放交通。

3.8.2 沥青路面大修工程

大修工程是指公路及附属设施已达到其服务期限，必须进行应急性、预防性、周期性的综合维修，使之全面恢复原设计状态。由于水毁、地震、交通事故、风暴、冰雪等造成高速公路及其附属设施的重大损坏应及时进行修复，保证其正常运营。

1)沥青路面大修工程的内容

(1)周期性或预防性的整段路面改善工程。

(2)路面诊断加铺面层。

(3)重大自然灾害造成路面损坏的修复。

2)沥青路面大修工程的要求

沥青路面因强度系数不符合要求，损坏严重，经判断采用其他修理方法已不能维持良好状态时，应进行路面大修。

路面大修按现行设计规范进行设计，并符合下列要求：

(1)对原有沥青路面必须做挖验调查和经济比较，能利用者应尽量采取再生利用或者利用旧沥青面层的方法，并考虑旧面层挖除后的剩余强度下降的因素进行设计。

(2)对原路面上加厚补强时，应对原有路面的病害做详细调查，防止新路面受原路面不利因素的危害。

(3)应对路面高程提高后纵坡的平顺性和对周围环境的适应等因素做周密考虑。

路面大修工程的施工应符合下列要求：

(1)根据补强设计的种类、结构和施工方案，按现行有关施工技术规范进行施工。

(2)应使新旧基层联结好，不形成夹层。

(3)在原有沥青路面上加铺沥青补强层，应当处理好原路面的各种病害。必要时设隔离层，整平后铺筑补强层。

(4)旧料利用时，应把旧沥青层先行铣刨或挖除，并按旧料质量分别收集与拌和。

(5)挖除基层时，应尽量做到基层材料重复。

第4章

桥梁工程养护管理

4.1 山区高速公路桥梁特点

21 世纪的最初十几年，我国开展了大规模的桥梁建设，桥梁建设成果不仅遍布了中、东部平原地区，还突破了西部崇山峻岭、高山峡谷间桥梁建设瓶颈。以江苏苏通长江大桥（主跨 1 088m 斜拉桥，如图 4.1 所示）、浙江舟山西堠门跨海大桥（主跨 1 650m 悬索桥，如图 4.2 所示）为代表的公路斜拉桥、悬索桥的单孔跨径大桥，以全长 36km 的杭州湾大桥为代表的跨海长桥，其建设规模和技术水平均达到了世界领先水平，建设成果和技术成就令世界瞩目，奠定了我国作为世界桥梁大国的基础。一大批长大桥梁的成功建成且良好运营，使我国积累了丰富的设计、施工、运营管理、安全保障及新材料和新装备应用方面的技术和经验。

图 4.1 苏通大桥

图 4.2 西堠门大桥

随着高速公路向山区推进，山区桥梁迅速增加，具有明显山区特点的高墩、大跨桥梁相继建成，如重庆石板坡大桥（主跨 330m 梁桥，如图 4.3 所示）、重庆朝天门大桥（主跨 552m 拱桥，如图 4.4 所示）、贵州镇胜高速坝陵河大桥（主跨 1 088m 悬索桥，如图 4.5 所示）、贵州水盘高

图 4.3 石板坡大桥

图 4.4 朝天门大桥

速北盘江特大桥(主跨 290m 混凝土连续刚构桥,如图 4.6 所示)、毕威高速公路赫章特大桥(主跨 180m、主墩高 195m 混凝土连续刚构桥,如图 4.7 所示)、四川波司登大桥(主跨 530m 钢管混凝土拱桥,如图 4.8 所示)、湖南矮寨大桥(主跨 1 176m 悬索桥,如图 4.9 所示)。另外毕都北盘江特大桥、贵瓮清水河特大桥、贵黔鸭池河大桥、江习古赤水河特大桥等正在建设,大型桥梁家族正在迅速增加新成员(如图 4.10～图 4.12 所示)。

图 4.5　镇胜高速坝陵河大桥

图 4.6　水盘高速北盘江大桥

图 4.7　毕威高速公路赫章特大桥

图 4.8　波司登大桥

图 4.9　矮寨大桥

图 4.10　建设中的毕都北盘江大桥

图 4.11　建设中的贵瓮清水河特大桥

图 4.12　建设中的贵黔鸭池河大桥

由于山区复杂的地形条件，山区高速公路桥梁大多跨越深山峡谷，主要表现出以下特点：

(1)桥梁数量多，所占路线比例大。

(2)跨越沟谷河流，桥隧相连，墩、台边坡陡峻，建设养护难度大。

(3)高墩、大跨桥梁多。除采用较大跨径的拱桥、斜拉桥、悬索桥等特殊结构桥梁以外，山区高速公路桥梁以梁式桥为主，梁式桥多为30～40m装配式梁桥和连续刚构桥。普通装配式梁桥墩高大部分在30～80m之间，连续刚构桥梁墩高高、跨径大的特点更是突出，如贵州毕节至威宁高速公路赫章特大桥(主跨180m、主墩高195m混凝土连续刚构桥)，其墩高为世界之最。

(4)桥梁结构形式多样。随着山区高速公路不断向边远地区深入，对桥梁结构形式的需求不断趋于多样，经过近10年的发展，从一般的梁式桥，到连续刚构桥、空腹式连续刚构桥、钢筋混凝土拱式、钢管混凝土拱式、斜拉桥、悬索桥，山区桥梁结构基本覆盖了所有桥梁型式，并得到发展。如贵州六盘水至盘县高速公路的北盘江特大桥为主跨290m混凝土连续刚构桥，为同类桥型跨径之最。

(5)弯、坡桥梁多。由于山区地形复杂，选线困难，山区高速公路平纵面线形复杂，桥梁常常处于弯、坡路段，部分桥梁弯道半径小、纵坡大，对桥梁建设和维护都提出了更高要求。

4.2　山区公路桥梁运营管理现状

随着我国高速公路网络逐渐完善，高速公路的工作重心逐渐由新建工程向运营管理转变，养护管理好坏成为影响公路使用状况的重要因素。由于起步晚，发展迅速，现阶段我国山区高速公路桥梁养护管理主要体现了以下特点。

1)发展快、基础弱

随着公路网日臻完善，公路通车总里程大幅增加，公路桥梁数量也随之增多；截至2013年年底，我国公路桥梁已达73.53万座，已经成为名副其实的桥梁大国。图4.13显示出我国公路桥梁总数从2001年年底的28.40万座发展到2013年年底的73.54万座，仅用了13年的时间，每年新增的公路桥梁数量平均达3.5万座左右。

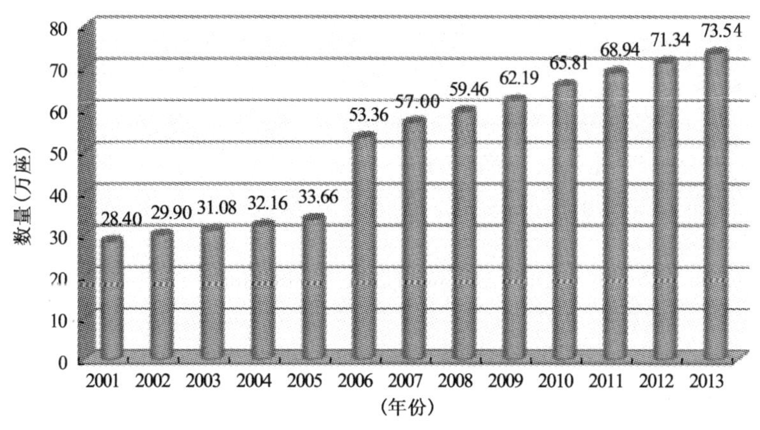

图4.13　2001年至2013年新增公路桥梁数量

近年来，随着交通量快速增长、不同建设年代和不同荷载标准的桥梁并存、部分桥梁的长时间超负荷服役等影响下，我国桥梁正处于风险相对高发期，公路桥梁安全状况不容乐观。与此同时，社会公众对桥梁的服务需求越来越高，不仅要行驶安全、通畅，更要舒适，使桥梁养护管理任务空前繁重，面临着巨大的压力。

从总体情况看，我国公路桥梁养护管理的理论探索和实践活动还很不适应公路养护管理的需要，也严重制约其价值的合理实现。主要体现在：

(1)桥梁建设时期跨度大，有些桥梁建设年代久远、设计荷载标准低，承载能力不一。

(2)桥型复杂多样、部分桥型承载潜力小，不适应大荷载、大交通量运输需求。

(3)不同时期施工能力、技术局限，施工质量水平差异，随着使用年限的不断增长，长期超负荷运行，此类桥梁不堪重负，安全隐患愈发突出。

西部山区作为资源富集地区，公路仍是主要运输方式，重型车辆多，交通流量大，时刻面临重载交通的考验；同时由于桥型复杂、建设年代不一等实际情况，使桥梁管养难度进一步加大；加之人民群众对安全、畅通出行的迫切要求，使公路桥梁养护责任倍增；因此，为确保公路桥梁管养各项工作的顺利开展，往往在资金、技术等多方面支持的需求比较大。

2)桥梁数量多、结构及环境复杂，养护难度大

相对大桥的设计和建设水平，国内大型桥梁管理方式仍比较落后，诸多桥梁缺乏有效的监管和及时的养护，以致不少桥梁长期带病工作，甚至出现突发性破坏事故，造成了巨大的损失。随着交通流量越来越大，不少桥梁长期超负荷运行，安全基础比较薄弱，加上违法超限超载运输行为屡禁不止、安全责任不落实、监督管理不到位等问题，导致的桥梁安全风险还比较突出。在这种背景下，桥梁数量多、结构复杂客观上增大了养护管理的难度，对养护管理工作提出了更高的要求。

3)养护管理重视不够

由于现阶段我国山区省份高速公路主要任务还是建设工作，高速公路的养护管理没有得到足够重视，重建轻养的情况较为突出。这主要体现在养护管理体制不完善、组织机构不健全、养护技术人员不足、养护工程师制度落实不到位等方面。由于养护管理重视不够，导致桥梁的检查和维护工作不能及时得到落实。

4)专业化、信息化水平相对较低

由于对养护管理工作不重视、投入不足，使养护技术人员相对不足，养护力量薄弱，专业化程度较低。虽然桥梁管养单位将定期和特殊检查基本都委托给有资质的专业检测机构实施，并提交检测报告，但部分管养单位对检测报告的解读和把握能力有待提高，对风险不够敏感，对报告中提出的重大问题不能及时处理，养护对策和计划编制不及时，内容不够完善，实施缺乏力度。与此同时，桥梁信息化管理程度相对较低，历史资料情况不清，工作效率低下。

4.3 山区公路桥梁养护理念

传统的桥梁养护主要是指桥梁的检查和保养。广义的桥梁养护概念是指为保证桥梁运营期的安全性、适用性、耐久性而采取的各种工程行为。基于这样的概念，桥梁养护行为的介入

应从建设期开始，一直延伸到桥梁寿命的终结。对于山区桥梁，“七分建、三分养”显得尤为重要。桥梁养护行为主要包括：

①建：建设期从设计的角度提出要求，为日后开展桥梁养护工作创造条件。

②管：为运营期的桥梁管养建立科学合理的管理体系和管理制度，指导养护工作的顺利开展。

③养：对桥梁结构进行例行的保养，包括小规模的修补。

④查：采用人工、自动或半自动的方式采集和发现与桥梁安全相关的各类信息。

⑤评：从安全、适用、耐久等各个角度，对桥梁结构的状况进行评估。

⑥修：对桥梁出现的损伤进行维修和加固。

⑦研：与桥梁管养相关的各类科研工作。

桥梁养护行为的组成如图 4.14 所示。

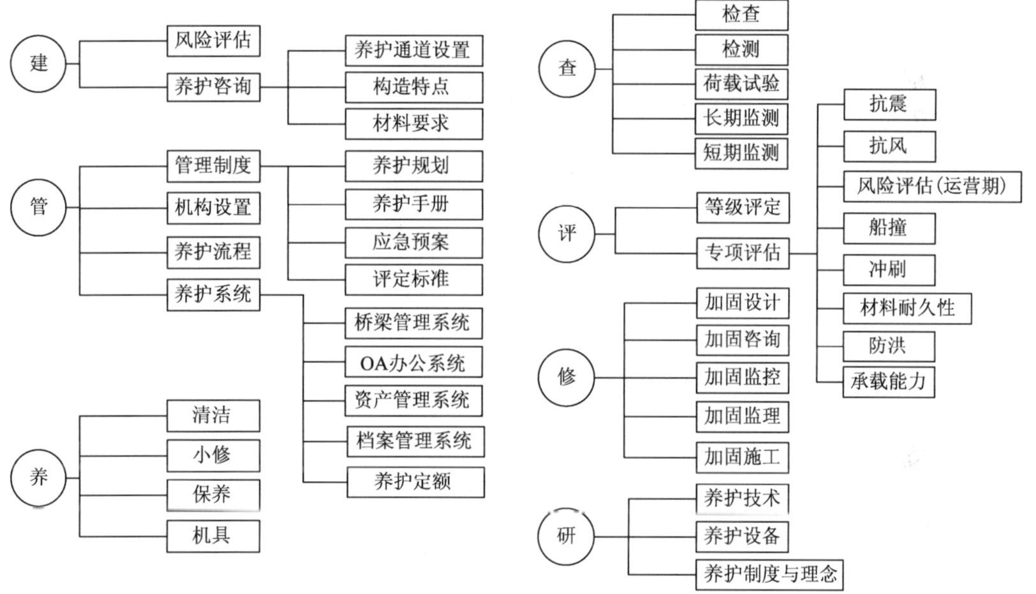

图 4.14　桥梁养护行为的组成

从整个桥梁寿命周期来看，各养护业务所处的位置如图 4.15 所示。

桥梁的养护主要有预防性养护、风险评估和资产管理等理念。

4.3.1　预防性养护理念

桥梁的预防性养护是指为了防止桥梁病害的发生和延迟桥梁轻微病害的扩展，以减缓桥梁病害发展速度、延长桥梁使用寿命为目的的养护作业。预防性养护是对桥梁周期性的强制保养，它并不考虑桥梁是否已经有了某种损坏，而是通过采用先进的检测技术努力拓宽人们对于桥梁早期病害的认识空间，提前发现桥梁隐藏的隐形病害，并施以正确的预防性养护措施，其核心是要求采用最佳成本效益的养护措施，强调养护管理的计划性和科学性。预防性养护理念时效关系如图 4.16 所示。

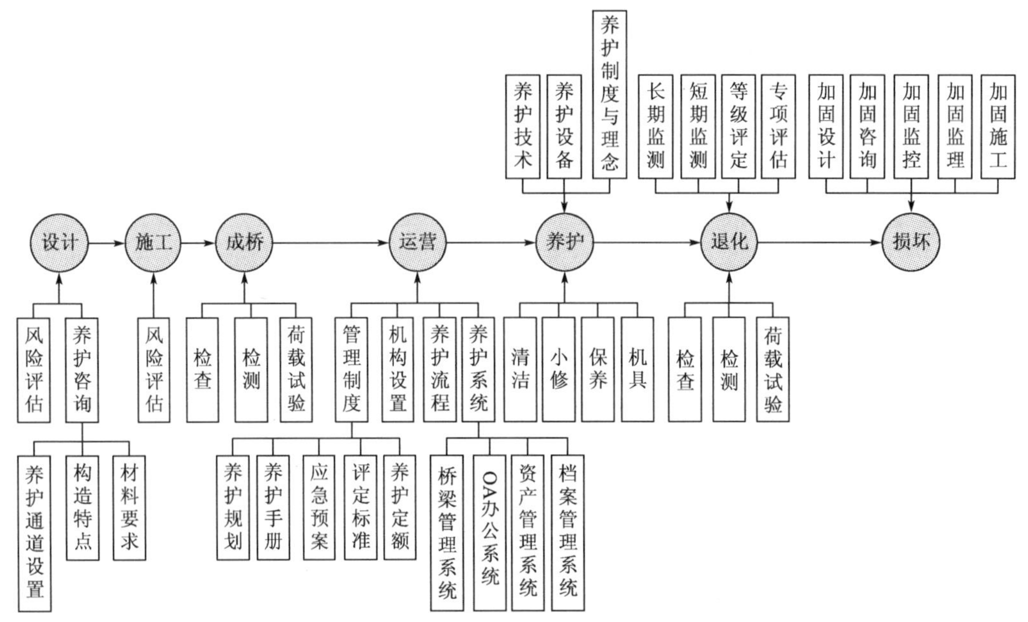

图4.15 各养护业务所处的位置

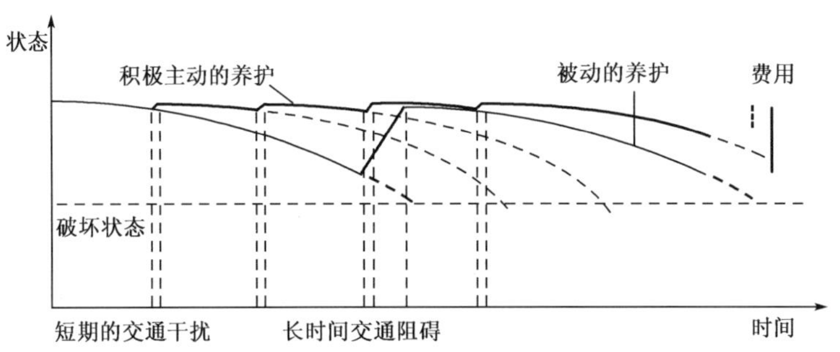

图4.16 预防性养护理念的时效关系

由于环境侵蚀、荷载作用等原因,桥梁结构总是处于不断劣化的过程中。当桥梁结构劣化到存在安全风险的“临界状态”时,就不得不进行加固维修,此时往往投资巨大。预防性养护的理念就是在桥梁结构未达到“临界状态”之前,就进行制度化的养护工作,并对出现的初期损伤进行及时的维修,从而延缓甚至阻止结构到达临界状态。实践证明,这样的养护方式从长期来看具有较高的经济性。

针对山区大型桥梁,应按以下原则和措施,建立桥梁预防性养护制度:

1)累积信息,科学评价

在桥梁养护中,需要汇集桥梁养护管理的基础资料,全面加强桥梁检测评定基础性工作,定期开展桥梁技术状况调查,不断完善、更新桥梁数据库,及时掌握桥梁的使用状况;同时,要汇总分析桥梁养护病害修复的记录、采取的措施、修复后的结构改善等情况。通过资料积累,为桥梁养护提供大量、及时、准确的数据信息,为桥梁养护科学决策提供依据。依托桥梁数据库等管理系统,可以分析桥梁日常检查数据,研究对比各项技术性能指标,分析桥梁技术状况的演变，实现桥梁病害及交通状况预警，制订桥梁周期性养护工程计划，从而提高桥梁养护管理的科学决策水平。

2)科学决策，制订方案

在桥梁检查中，逐步实现从人工检测到自动化检测，由破损类检测向无损检测的发展，建立和完善桥梁养护管理数据库，充分发挥桥梁养护管理信息系统及养护维修工程决策系统的作用，应用计算机技术，通过科学分析桥梁技术状况的衰减规律，使桥梁质量的检测、评估和病害分析更加快捷科学，合理制定预防性养护方案，实现养护决策由经验型向科学型转变。

3)把握时机，预防为主

预防性养护技术的关键在于养护时机的选择，桥梁预防性养护时机的选取应基于高速公路桥梁的功能性，通过科学检测及时确定桥梁功能失效的时间。预防性养护的实施时机应该是在桥梁结构尚处于良好状况，或者只出现某些病害先兆时进行，一旦结构损坏发生，预防性养护措施就不再是可行的选择。及时采取预防性养护措施将大大减少交通延误时间，延长桥梁的使用寿命。

4)优化资金，分类施策

以桥梁全寿命周期理论为指导，牢固树立预防性养护理念，从“养好桥、修病桥、治险桥、改危桥”的养护理念上精确把握养护标准，科学决策，优化资金分配，分类施策，提高桥梁的整体技术状况。“养好桥”是对技术状况好的一类桥梁做好日常保养，保持其良好的运营服役状态；“修病桥”是对二、三类桥梁及时维修，改善桥梁技术状况，延长桥梁使用寿命；“治险桥”是对急弯桥、窄桥、安全防护等级低等影响正常使用功能的险桥采取有效处置措施，消除安全隐患；“改危桥”是对四、五类桥梁及时采取加固或改建措施，提高危桥梁结构安全，有效遏制危桥出现安全事故。

5)桥梁日常养护常抓不懈

建立日常养护管理工作的长效机制，实施预防性、经常性养护。对日常养护全面检查、考核、评比，使养护投入真正做到科学、公平、合理；建立桥梁病害快速报告、快速处治工作制度，及时处治桥梁缺陷和病害；根据桥梁病害数量、种类确定养护措施，达到小修工程标准的列小修工程，其他列保养费用，需要中修的，采取经济有效的预防性养护措施。

桥梁养护要做到“三勤”，即勤查、勤治、勤督。勤查，即加强桥梁的日常巡查、经常检查、定期检查及特殊检查，是做好预防性养护的前提；勤治，即对桥梁各类病害及时处理，把险情消灭在萌芽状态，是做好预防性养护的重点；勤督，即监管部门督促巡查的真实性、齐全性以及病害处治的及时性，是做好预防性养护的保障。

在桥梁预防性养护中，要对不同季节、不同的设施采取不同的养护措施，特别要抓住汛期防洪排水和冬期冰雪防护两大要素，保证桥梁排水系统的完善和排水功能的正常发挥。雨季、冰冻前后，要对桥梁进行全面检查和维护，确保构造设施等完整无损，泄水孔无堵塞，顺畅泄水，若发现附属设施破坏或存在裂缝要尽快修复，绝不允许雨水渗漏。在病害初期，及时采取措施将各种病害隐患彻底消除。

6)基于 RCM 的设备综合工程管理

目前，预防性管养的发展方向是以可靠性为中心的维修，以可靠性为中心的维修(Reliability Centered Maintenance,RCM)是目前国际上通用的、用以确定资产预防性维修需求、优化维修制度的一种系统工程方法。它的基本思路是:先对系统进行功能与故障分析,明确系统内各故障的后果,再用规范化的逻辑决断方法,确定出各故障后果的预防性对策,最后通过现场故障数据统计、专家评估、定量化建模等手段,在保证安全性和完好性的前提下,以维修损失最小为目标优化系统的维修策略。英国工商部于1974年提出了设备综合工程学的概念,即“设备综合工程学是这样一门学科,它对适用于固定资产的工程技术、管理、财物等实际业务进行综合研究,以求实现设备寿命周期费用(Life Cycle Cost)的最大程度的节约,工厂机械、装置、建筑物的可靠性和有关可靠性的方案与设计,使用和费用的信息反馈,这些都属于它的研究范围”,并提出了设备综合管理的特点:

①追求设备寿命周期费用最经济。设备寿命周期费用=设备设置费+设备维持费。

②设备综合管理包括工程技术管理、组织管理和财务管理三个方面。技术是基础、管理是手段、经济是目的。

③把可靠性和可维修性设计放到重要位置。将设备先天素质的提高放在首位。

④以系统工程理论研究设备全寿命期管理。从系统整体最优的角度考虑设备维修与管理。

⑤重视设计、使用、费用的信息反馈。

因此,对于大型桥梁的管养,建立一套基于RCM的现代设备综合管理科学将是对预防性养护理念的总结提升以及深入实践的理论基础和发展趋势。

4.3.2 桥梁风险评估理念

桥梁运营期将不可避免地要受到环境的侵蚀、材料老化以及各种静载、动载长期疲劳效应的作用,随着建成后投入运营时间的推移,桥梁各构件将面临着退化或损坏,相应构件的刚度和强度会出现不同程度的衰减,抵抗自然灾害(如台风、地震、车船撞击等)的能力就会下降,如果构件未得到良好及时的保养维护,其使用寿命也会随之降低。桥梁的结构规模一般比较庞大,在养护过程中,必须突出重点,特别是不能忽略那些可能造成结构失效(整体坍塌、局部失效或影响通车安全)的损伤。在桥梁运营过程中可能出现的影响桥梁安全的重大事件就是桥梁风险,这些事件被称为风险事态,通常具有概率低、损失大的特点。要科学识别桥梁风险,就需要进行风险评估。风险评估的重要任务之一就是根据不同的桥型,分析结构可能的失效模式,从而寻找出需要特别关注的核心损伤。其中,核心损伤是可能导致桥梁结构失效的重要损伤。

风险评估可以划分为“辨、测、评、控”四个环节,类似于中医提出中央四诊的“望、闻、问、切”。四个环节逐层递进关系如图4.17所示。

“辨”为基础,需从成功经验和失败教训中归纳风险源演变为风险事件的规律。

“测”为核心,包括定性方法和定量方法,无论哪种方法,都要以保证结果可观、准确为目标。

“评”为结论,体现的是有法可依、有法必依,通过统一的评判法则,判断相应的风险等级。

“控”为落脚点,体现为控制措施的制定,是控制措施的效用性与采取该措施所需花费的人力、物力、工期代价的平衡。

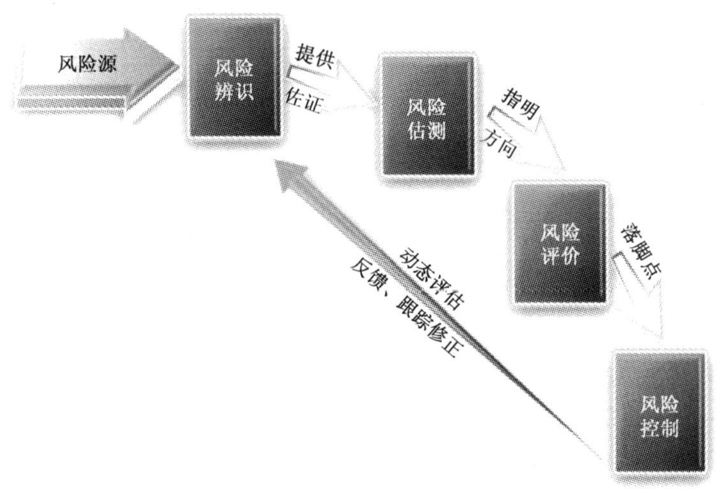

图 4.17 风险评估理念

4.3.3 资产管理理念

资产管理是面向资产密集型企业的企业信息化解决方案的总称。它是 21 世纪基于“精细化、便捷化、标准化、专业化”的管理理念，采用“信息化、集成化”的技术手段，以提高企业资产可利用率、降低企业长期运行维护和管理成本为目标，通过对企业资产全寿命周期(或运营周期)的有效管理，实现资产的保值与增值。

资产管理是以企业资产、设备台账为基础，以工作单的提交、审批和执行、分析为主线，按计划检修、预防性维修、预测性维修、以可靠性为中心的维修和状态检修等多种维修管理思想，对设备进行多角度跟踪、操作、维护、维修管理；并结合物资、工具、人员等资源安排管理，以及物资准备采购管理，对设备进行全生命周期管理的过程。其目的是提高资产可利用率、降低企业运行维护成本，以优化企业维修资源为核心，通过信息化手段，合理安排维修计划及相关资源与活动，从而提高企业的经济效益和市场竞争力。

资产全寿命周期管理理念的优点是资产的拥有者可以详细的管理资产各个时期的情况，实现资产全过程的可视和可控，使资产处于持续最佳状态，并且实现其保值、增值，以及最低的

图 4.18 桥梁全寿命周期成本的冰山问题

总体拥有成本(Total Cost of Ownership,TCO)。图 4.18 所示的冰山问题形象地比喻了后期运营成本在资产总成本的比例关系,即资产的前期投入,比如大桥的建设成本,仅仅占大桥全寿命成本中的一少部分。在确保桥梁资产性能安全服务于社会公众的前提下,全面提升目前桥梁管养公司管养效益,整体提高桥梁管养企业的降本增效、盈利管理水平,是将资产管理理念引入桥梁管理的基本目标。

4.4 山区桥梁养护管理基本要求

当驾驶员在公路桥梁结构上行驶时,他们对于国家的公路桥梁结构安全是有信心的,同时对于存在的安全隐患也是难以辨识的,因此为驾驶员提供安全、快捷、舒适的行驶通道,及时、高效的应急救援服务是桥梁养护管理的最终目标。为达到这一目标,应通过及时、高效的养护管理,实现山区桥梁结构安全运营,更好地为社会经济发展和人民出行提供良好的服务环境。

近几年世界范围内发生了诸多的桥梁结构灾难性事故,如:2007 年 8 月美国密西西比河的一座钢结构拱桥正在维修时突然垮塌,造成大量人员伤亡;2011 年印度尼西亚库泰大桥发生倒塌事故,该桥为一座主跨 270m 的钢桁加劲梁悬索桥,全长 710m,号称印度尼西亚的"金门大桥",该事故发生时桥上车辆拥挤,最终导致了 50 余人的重大人员伤亡,如图 4.19 所示。引用印度尼西亚国家事故调查专家组的结论,大桥倒塌的原因在于疲劳应力积累,在吊索索夹存在初始缺陷的情况下,由于应力腐蚀作用,使销钉产生了脆性断裂,从而使得锚头失效导致桥面坍塌。现场拍摄的索夹照片如图 4.20 所示,其中 A 部位、B 部位明显出现了脱落或剪断的情况。

图 4.19 印度尼西亚库泰大桥倒塌前后照片

在我国也发生过多起桥梁灾难事故,如 2007 年 6 月九江大桥事故、2007 年 8 月凤凰桥坍塌等,如图 4.21 所示。为规范和加强公路桥梁养护管理工作,进一步提高公路桥梁养护水平和公共服务能力,交通部于 2007 年对 1991 年颁布的《公路桥梁养护管理工作制度》进行了修订,发布了新的《公路桥梁养护管理工作制度》,其后各省交通运输主管部门、桥梁建设和管养机构陆续出台了对应的管理制度或实施细则,加强了对运营期桥梁工程的安全监管措施,力求避免灾难性事故的发生。桥梁养护管理工作主要有以下基本要求：

(1)建立、健全桥梁检查、评定制度。通过对桥梁进行周期性检查,系统地掌握其他技术状况,及时发现问题,并根据检查结果,对桥梁技术状况进行分类评定,制定相应的养护对策。

(2)使原结构保持设计荷载等级的承载要求及设计交通量的通行要求,也可通过改造和改建来提高承载能力和通行能力。同时做到外观整洁,桥面铺装坚实平整、横坡适度,桥头连接顺适,排水畅通,结构完好无损,标志、标线等附属设施齐全完好。

(3)养护作业和工程实施中应注意保障交通安全通畅和环境保护,尽量降低对车辆通行的影响。

(4)建立公路桥梁相关管理系统和数据库,及时更新有关资料和技术档案。

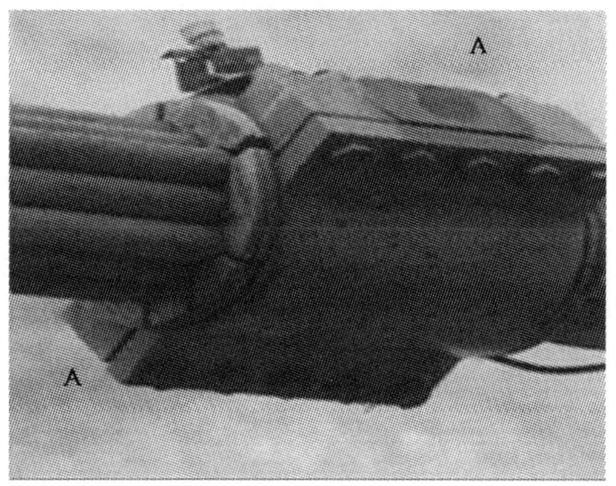

图 4.20　已损坏的索夹照片

图 4.21　九江大桥及凤凰桥事故

4.5　桥梁检查、评定及养护对策

1)桥梁检查

桥梁检查分为经常检查、定期检查和特殊检查。

经常检查主要对桥面设施、上部结构、下部结构和附属构造物的技术状况进行日常巡视检查,检查主要内容见表 4.1。经常检查主要以目测方式配合简单工具进行,检查周期为每月不少于一次,汛期应增加检查频率。对经常检查中发现重要部(构)件明显达到三、四、五类技术状况的桥梁，应立即安排定期检查。经常检查过程中应填写“桥梁经常检查记录表”，现场登记所检查的项目和缺损类型，估计缺损范围和养护工程量，提出相应的小修保养措施，为编制小修保养计划提供依据。

桥梁经常检查内容 表 4.1

项　目	内　容
外观	外观是否整洁，有无杂物堆积，杂草蔓生。构件表面的涂装层是否完好，有无损坏、老化变色、开裂、起皮、剥落、锈迹
桥面铺装	桥面铺装是否平整，有无裂缝、局部坑槽、积水、沉陷、波浪、碎边；混凝土桥面是否有剥离、渗透，钢筋是否露筋、锈蚀，缝料是否老化、损坏，桥头有无跳车
排水设施	排水设施是否良好，桥面泄水管是否堵塞和破损
伸缩缝	伸缩缝是否堵塞卡死，连续部件有无松动、脱落、局部破损
栏杆、护栏	栏杆、护栏和引道护栏(柱)有无撞坏、断裂、松动、错位、缺件、剥落、锈蚀等
桥梁结构	桥梁结构有无异常变形，异常的竖向振动、横向摆动等情况，然后检查各部件的技术状况，查找异常原因
支座	支座是否有明显缺陷，活动支座是否灵活，位移量是否正常
桥位区段河床	桥位区段河床冲淤变化情况
墩台及基础	墩台是否受到船只或漂浮物撞击而受损；基础是否受到冲刷损坏、外露、悬空、下沉，墩台及基础是否受到生物腐蚀
翼墙(侧墙、耳墙)	翼墙(侧墙、耳墙)有无开裂、倾斜、滑移、沉降、风化剥落和异常变形
锥(护)坡、调治构造物	锥(护)坡、调治构造物有无塌陷、铺砌面有无缺损、勾缝脱落、灌木杂草丛生
交通标志、照明	交通信号、标志、标线、照明设施以及桥梁其他附属设施是否完好
防抛网和广告牌(跨线天桥)	跨线天桥防抛网是否有缺失、松动、破损、底座锈蚀；广告牌钢架与连接螺杆是否缺失、锈蚀
其他	有无其他显而易见的损坏或病害

定期检查是指按照规定周期，对桥梁主体结构及其附属构造物的技术状况进行定期跟踪的全面检查，评定桥梁技术状况等级，检查主要内容见表 4.2。定期检查主要以目测结合仪器检查方式进行，其检查周期根据技术状况确定，最长不得超过三年一次，特殊结构桥梁应每年一次。

特殊检查指在特定情况下对桥梁技术状况进行鉴定，以查清桥梁的病害成因、破损程度、承载能力或抗灾能力等。特殊检查应采用仪器设备，通过检测或试验的方法，并结合理论分析，对桥梁的缺损状况、病害成因、承载能力或抗灾能力做出科学明确的判定。特殊检查具有较强的专业性，应委托有相应资质和能力的单位实施，特殊检查应根据检测结果提出针对性的维修处治措施建议。

经常检查、定期检查和特殊检查在结束后应及时更新桥梁管理系统数据。

桥梁定期检查内容　　表4.2

项　目	内　　容
桥面铺装	纵、横坡是否顺适，有无严重的裂缝(龟裂、纵横裂缝)、坑槽、波浪、桥头跳车、防水层漏水等；桥面排水是否顺畅，泄水管是否完好畅通
伸缩缝	是否有异常变形、破损、脱落、漏水、淤塞，是否造成明显的跳车
栏杆、护栏	栏杆撞坏、断裂、错位、缺件；钢筋混凝土栏杆出现裂缝或剥落，并注意损坏是否和梁及下部结构有关；钢栏杆锈蚀；护轮带被破坏
上部结构	混凝土有无裂缝、渗水、表面风化、剥落、露筋、空洞和钢筋锈蚀；预应力箱梁和T梁结构在跨中、支点、变截面处、合龙段部位有无混凝土开裂和钢筋锈蚀等缺损情况；预应力T形梁横隔板、湿接缝和预应力箱梁各浇筑段接头处混凝土是否开裂或锈蚀
墩台	桥墩：墩身开裂，局部外鼓，表面老化、剥落、空洞、露筋，有变形、倾斜、沉降、冲刷、冲撞损坏情况。桥台：开裂、破损，台背填土有裂缝、挤压、受冲刷等情况
基础	表面老化、剥落，出现变形、倾斜、沉降、冲刷、冲撞损坏等情况
桥头引道	与路面衔接处衔接不顺畅，致使桥头产生“跳车”；路面损坏，产生积水、渗水、出现坑槽、高低不平；两边挡土墙、护栏等产生严重变形、破坏或缺损
翼墙	出现裂缝，缝宽小于限值，局部剥落，砌体灰缝脱落；翼墙断裂与桥台前墙脱开，但无明显外倾、下沉、砌体灰缝脱落、局部松动外鼓；翼墙断裂、下沉、外倾失稳，砌体变形，严重部分倒塌
锥护坡	锥坡局部塌陷，铺砌缺损，垃圾堆积，草木丛生；锥坡出现大面积塌陷，铺砌缺损，形成冲沟或积水坑，坡脚有局部冲蚀；锥坡体和坡脚冲蚀严重，有滑坡、坍塌，坡顶下降较大，护坡作用明显减小
支座	检查上部盖罩和基部护罩的完整情况；检查锈蚀情况；不锈钢合金表面
交通标志桥头引线	交通标志不正、老化、脱落，有锈蚀，被撞击、损坏；桥头引线受雨水冲刷，逐渐模糊
防抛网和广告牌	跨线天桥防抛网是否有缺失、松动、破损、底座锈蚀；广告牌钢架与连接螺杆是否缺失、锈蚀
桥上附属设施	桥上避雷装置是否完善，避雷系统性能是否良好；桥上航空灯、航道灯是否完好，能否保证正常照明；结构物内部供养护检修的照明系统是否完好；桥上路用通信、供电线路及设备是否完好
其他	有无其他显而易见的损坏或病害

2)桥梁技术状况评定

桥梁技术状况评定分为一般评定和适应性评定。一般评定是依据桥梁定期检查资料，通过对桥梁各部件技术状况的综合评定，确定桥梁的技术状况等级，提出各类桥梁的养护措施。适应性评定是依据桥梁定期及特殊检查资料，结合试验与结构受力分析，评定桥梁的实际承载能力、通行能力和抗洪能力，提出桥梁养护、改造方案。公路桥梁技术状况由桥梁管养单位负责组织评定，一般评定通常由定期检查者进行，适应性评定应委托有相应资质及能力的单位进行。

根据检查结果和《公路桥涵养护规范》(JTG H11—2004)的评定方法，桥梁技术状况等级评定分为一至五类。一类桥技术状况处于完好或良好状态，仅需对桥梁进行保养维护；二类桥技术状况处于良好或较好状态，仅需对桥梁进行小修或保养；三类桥技术状况处于较差状态，个别重要构件有轻微缺损或部分次要构件有较严重缺损，但桥梁尚能维持正常使用功能；四类桥技术状况处于差的状态，部分重要构件有较严重缺损或部分次要构件有严重缺损，桥梁正常使用功能明显降低，桥梁承载能力降低但尚未直接危及桥梁安全；五类桥技术状况处于危险状态，部分重要构件出现严重缺损，桥梁承载能力明显降低并直接危及桥梁安全。

3)养护工程对策

通过桥梁技术状况评定，评定桥梁等级后，可制定相应的桥梁养护工程对策。桥梁养护工程主要分为小修保养、中修、大修和改建。技术状况为一、二类的桥梁应加强小修保养，防止出现明显病害；技术状况为三类的桥梁应及时进行中修，防止病害继续扩展，影响桥梁运营安全；技术状况为四类和五类的桥梁，应及时研究提出具体的车辆通行和交通管制方案，保证安全，并依据桥梁特殊检查结果和技术论证分析，安排大修或改建。

对荷载等级、宽度、抗灾能力、安全防护标准等技术指标低于所在公路技术标准的桥梁，应有计划地进行技术改造。

4.6　山区桥梁检查与小修保养重点

桥梁检查与小修保养是养护管理工作的重要工作，下面主要结合山区地形、地质及气候条件，针对山区高速公路的主要桥型和重点部位，介绍山区高速公路桥梁检查与小修保养重点内容。

1)梁式桥

梁式桥主要靠主梁的抗弯、抗剪能力承受桥上车辆荷载，梁式桥上部结构一般由主梁、桥面铺装、伸缩缝、排水设施、护栏等组成，下部结构由支座、桥墩、桥台、墩台基础等组成。山区高速公路梁式桥主要有装配式T形梁、箱梁、空心板及大跨度连续刚构等形式。

梁式桥检查重点有以下几个方面：

(1)主梁

重点检查主梁跨中、1/4和3/4跨处、支座处及变截面处、悬臂端、牛腿部位、墩顶刚构固结处等结构受力控制部位，查看是否有混凝土裂缝、缺损或钢筋外露锈蚀等。对于装配式梁式桥，要注意检查主梁之间的湿接缝处有无混凝土开裂、脱落、渗水等，横向连接构件是否开裂、钢板外露锈蚀等；对于连续刚构，要注意检查跨中挠度变化情况。

(2)墩台、基础

主要检查盖梁有无开裂、剥落、露筋锈蚀，墩台是否受到船只、漂浮物或外物撞击而受损，墩台有无倾斜、沉降，墩台护坡是否破坏、水毁等；墩台基础是否受到冲刷损坏、外露、悬空、下沉，桩基是否受到生物腐蚀或溶蚀剥落，导致钢筋外露、锈蚀等。

(3)附属结构物

重点检查桥位区段岸坡(边坡防护)稳定情况、河床冲淤变化情况；翼墙(侧墙、耳墙)有无开裂、倾斜、滑移、沉降、风化剥落和异常变形；锥坡、护坡、调治构造物有无塌陷、铺砌面有无缺损、勾缝脱落、灌木杂草丛生等。另外，由于地方建设的影响，应检查桥梁建筑控制区是否有挖填、弃土、非法建筑、私自抽水等情况。

在日常养护中，要注意以下问题：

①如发现连续刚构挠度异常，应及时上报并采取措施。

②对于预应力混凝土箱梁桥，要保证泄水孔通畅，防止箱梁内部长期积水造成混凝土侵蚀

和钢筋锈蚀，特别是箱梁与墩（柱）固结处，因箱梁底板高程较低，更易积水；保持箱梁内通风，减少因箱体内外温差较大可能引起的裂缝。

③应注意观察预应力混凝土箱梁墩（柱）梁固结区段梁的腹板、边跨支承附近梁的腹板因主拉应力过大产生的裂缝和其他缺陷，根据裂缝的不同情况分别采取封闭、压力灌浆、加固等措施进行处理。

④对修补过的箱梁混凝土超限裂缝，建立裂缝修补档案，并持续跟踪观测，观测裂缝有无继续开展，裂缝的长度、宽度及深度有无变化。

2）拱桥

山区高速公路跨越沟谷路段常常地形陡峻，在地质较好的情况下，拱桥的优势可以得到较好的发挥，山区拱桥的形式主要有钢筋混凝土拱桥和钢管混凝土拱桥。由于钢管混凝土拱桥养护管理较为复杂，下面以钢管混凝土拱桥为例说明拱桥的检查与小修保养重点内容。

钢管混凝土拱桥是一种钢-混凝土组合结构，利用钢管的径向约束使混凝土处于三向受压状态，从而显著提高混凝土的抗压强度。钢管混凝土拱桥充分利用钢材和圬工混凝土的力学性能，技术先进，造型美观。其检查重点有以下几个方面：

（1）钢管拱：检查钢管是否扭曲变形、铆钉和螺栓部位有无松动、脱落，焊缝边缘有无裂纹裂缝，防护油漆是否起皮、脱落等。

（2）拱上结构：检查拱上立柱上下端、盖梁和横系梁的混凝土有无开裂、剥落、露筋和锈蚀。检查钢立柱或钢盖梁防腐油漆层有无裂纹、起皮、脱落，构件有无锈蚀、扭曲变形、局部损伤等。

（3）拱座：检查拱肋或拱板与拱座交界处混凝土是否开裂，是否有裂纹或混凝土剥落。对拱座设永久观测点，定期进行沉降观测。

（4）对拱轴线和桥面挠度进行线形观测。

钢管混凝土拱桥的小修保养应注意以下问题：

（1）钢管混凝土拱肋（含腹杆及横向联结系）养护：发现拱肋涂层有损坏应及时修复；发现桥梁在使用过程中焊接处有异常情况，应注意分析裂缝发生原因，及时处理；在确定钢管混凝土的管内有空洞或离析时可先钻孔注入环氧树脂、水泥砂浆后再封闭钻孔。

（2）拱座养护：在拱座与裸露的钢管混凝土交界段以上露出的钢管表面，若涂层出现褶皱、龟裂，在排除涂层质量、气温、老化等原因外，宜再将包裹混凝土向上延长；拱座的外包混凝土出现褶皱、龟裂、裂纹，当无明显变形时，可暂用水泥砂浆涂抹，加强观察，分析原因。待稳定后再根据情况进行修复（如压浆、封闭或凿除裂损部分进行修复）；对拱座处的积水要及时排除，保持拱座混凝土与钢管拱连接处清洁干燥；冬夏来临之前，对裸管段与有外包混凝土的管段交界处要涂厚油脂，以避免钢与混凝土间温差过大。

3）斜拉桥

斜拉桥是由承压的塔、受拉的索和承弯的梁体组合起来的一种组合受力结构体系，由索塔、主梁、斜拉索、上锚头、下锚头等构件组成。检查重点有以下几个方面：

（1）索塔及桥面：检查索塔高程、塔柱倾斜度、桥面高程及梁体纵向位移是否有异常变位，索塔爬梯、检查门是否安全可靠，塔内的照明系统是否完好；每年应对主塔进行一次检查，检查混凝土有无裂纹、渗水、表面风化、剥落、露筋和钢筋锈蚀；混凝土有无因骨料硅钙反应引起的整体龟裂现象；预应力钢束锚固区段混凝土由于开裂，沿预应力筋的混凝土表面有无纵向裂纹；拉索、锚固区承压板四周及塔壁牛腿混凝土有无开裂、剥落、锚固钢筋锈蚀等病害。

（2）斜拉索：检查索体振动频率、索力有无异常变化，逐束检测索体是否开裂、鼓胀及变形，逐个检查索端部出索处钢护筒、索套管连接处是否有松动脱落、锈蚀、渗水，抽查钢护筒内防水垫圈是否老化失效，筒内是否潮湿积水，必要时可剥开护套检查索内干湿情况和钢索的锈蚀情况等。

（3）锚头：逐个检查锚具及周围混凝土的情况，锚具是否渗水、锈蚀，是否有锈水流出的痕迹，周围混凝土是否开裂。必要时打开锚具后盖抽查锚杯内是否积水、潮湿，防锈油是否结块、乳化失效，锚杯是否锈蚀等。

斜拉桥的小修保养应注意以下问题：

（1）斜拉索的养护：拉索防护层如出现老化脆裂、变形、破损，应及时对开裂和破损处进行修复，必要时作全面重新包裹处理；斜拉索两端的锚具及护筒应经常保持清洁干燥，发现渗水应及时封堵，防止引起拉索锈损；斜拉索两端锚固处及锚头、拉索出口密封处、主梁防摇止推装置等部件，须每半年保养1次，发现有漏水、积水或脱漆、锈蚀时，应及时处治。定期更换防水垫圈及阻尼垫圈；定期更换斜拉索两端锚具锚杯内的防护油；保持斜拉索减振装置的正常工作状态，发现异常现象应及时维修，上下减振器应防止雨水侵入，橡胶减振器如老化变质应进行更换；拉索两端的锚具及护筒应经常保持清洁和干燥，塔端锚头若漏水、渗水应及时用防水材料封堵，梁端锚头若漏水、积水应及时将水排出并封堵水源；应定期更换钢护筒与套管连接处的防水垫圈及阻尼垫圈，做好搭接处的防水处理；应定期对索端钢护筒做涂漆防锈处理；若拉索护套出现开裂、漏水、渗水现象，应及时处理，可剥开已损坏的护套，对已潮湿的钢索吹干，对已生锈的钢索做好防锈处理，再涂刷防护漆及防护油，并用玻璃丝布或其他防护材料包扎密实；对斜拉索阻尼器进行维护及保养。

（2）桥塔的养护：应定期检查主塔内钢结构（钢平台、钢爬梯、预埋件），敲铲老化油漆，重新涂装，防止锈蚀，并对损坏的钢构件及时修复或更换；爬梯应定期除锈涂漆，以保证其可靠性和安全性；桥塔在横梁转角处、拉索锚固端、支座周围易发生裂缝，塔身混凝土一旦发现有裂缝发生，应及时做好防水处理和裂缝填缝工作，当宽度大于0.2mm时须及时向原设计单位报告，分析原因，并及时处理；定期检查塔身外表的防腐涂层，发现问题及时处理；保证斜拉桥的避雷系统、夜间航空障碍灯正常工作。

4）悬索桥

悬索桥是以通过索塔悬挂并锚固于两岸的缆索作为上部结构主要承重构件。桥面荷载经主梁或加劲梁、吊杆传给主缆索，再由主缆索传至索塔和两端的锚碇。悬索桥由索塔、主缆索、吊杆、锚碇、加劲梁和桥面系等构件组成。悬索桥的检查重点有以下几个方面：

（1）锚碇：检查锚碇及锚杆有无异常的拔动，锚头、散索鞍和散索段缆索有无锈蚀破损，锚室（锚洞）内有无开裂、变形、积水，除湿机设备是否运行良好，温湿度是否符合要求等。

（2）主缆索、吊杆：检查主缆、吊杆表面封闭、防护是否完好，有无破损、老化等，吊杆上下端与主缆索、梁的连接部件及索夹和螺栓有无松动、移位、破损、变形等。

（3）索鞍：检查索鞍是否有异常的错位、卡死、滚轴歪斜，构件是否有锈蚀、破损，主缆索跨过索鞍部分是否有挤扁变形等。

（4）加劲梁：重点检查钢桁架节点部位铆钉和螺栓有无松动、脱落或断裂，节点是否滑动、错裂，焊缝边缘有无裂纹或脱开，防腐油漆层有无裂纹、起皮、脱落，构件有无锈蚀、扭曲变形、局部损伤等。

悬索桥的小修保养应注意以下问题：

(1)主缆的养护：防水、防腐蚀、防龟裂、防人为损伤；主缆钢索应每季度检查维护1次表面防护层，发现防护层开裂、剥落、破损、缠丝破损时，应及时进行修补；必要时可切开防护层检查主缆是否锈蚀并进行相应处理；检查处理后及时修复防护层；若主缆表面防护层老化失效，应进行更换。加强主缆索夹在酷暑和严寒季节的检查和养护，及时拧紧螺栓保持设计的紧固力，防止螺母锈死无法调整；主缆索夹锈蚀损坏应及时更换，注意新索夹须将主缆夹紧。应经常检查主缆走道支架稳定及安全状况，金属结构应定期进行打油、涂漆防护；经常检查主缆走道扶手索，特别是两端锚固点有无锈蚀或损坏，及时维修更换，以保证检查维修人员安全。

(2)吊杆的养护：吊杆表面防护层发现开裂、剥落、破损等现象，应及时进行修补；吊杆锚头及钢索出口密封处，一般每年养护1次；若吊杆有明显摆动、倾斜，应查明原因并及时处理。

(3)锚室的养护：锚室内有雨水渗漏或积水，要及时分析原因进行处理和维修；定期对锚头、锚杆进行清洁、防护；除湿系统应由经过培训的专门人员进行操作及养护维修，确保系统正常运转，相对湿度小于50%。

(4)钢梁的养护：做好除锈及防腐保养工作；注意组合桥面的结合部位的保养，防止桥面水渗漏造成钢构件锈蚀及钢和混凝土之间的联结失效；保证钢构件清洁；钢构件高强螺栓连接的构件，若发现松动应及时加以拧紧；涂膜损坏如涂层脱落、龟裂、气泡、防水失效等缺陷或箱梁表面局部锈蚀，应及时修复涂层。

(5)桥塔的养护：塔顶主鞍座应经常清扫，防止尘土杂物甚至飞鸟误入筑巢和蓄水致锈，如发现锈蚀则应除锈，并重新涂刷防锈漆；主鞍座上夹紧主缆的螺杆、螺母及紧固鞍座的螺栓、螺母如有松动应及时拧紧，以防止主缆与主鞍座发生相对位移，如有锈蚀则应除锈后重新涂刷防锈漆；应经常清洗散索鞍座，如发现锈蚀应及时除锈，涂刷防锈漆和防锈保护膏；主索鞍、散索鞍、主缆索股锚头，每年应养护1次；主塔爬梯和工作电梯应每季度检查保养1次，爬梯应定期除锈涂漆，以保证其可靠性和安全性；桥塔在横梁转角处、拉索锚固端、支座周围易发生裂缝，塔身混凝土一旦发现有裂缝，应及时做好防水处理和裂缝填缝工作，当裂缝宽度大于等于0.2mm时须及时向原设计单位报告，分析原因，并及时处理；塔内及塔身周围的检查梯道的防锈漆如有脱落应及时补漆，并定期检查塔身外表的防腐涂层，发现问题及时处理；保证悬索桥的避雷系统、夜间航空障碍灯正常工作。

5)支座

山区桥梁通常处于弯坡路段，支座受力复杂，对支座的检查重点有以下几个方面：

(1)检查支座附近梁体裂缝以及支座滑移面的磨耗情况等。

(2)检查支座功能是否完好，组件是否完整、清洁、位移是否正常；上下各部分是否密贴，橡胶支座是否老化、变形；固定端是否松动、剪断、开裂；表面材料的磨耗与锈蚀情况等。

(3)支撑垫石是否完好，是否有积水或尘土等。观测支座有无变形，检查其是否灵活，实际位移量是否正常，变位方向是否与温度变化相符，有无限位装置等。

(4)支座下盆顶面不锈钢板是否起拱。测量支座高度，验算竖向变形是否在允许范围内，检查横向限位是否有卡死现象，间隙是否均匀。检查纵向挡块混凝土是否存在开裂现象。

(5)检查各型号支座上板与梁底、下板与支承垫石间是否密贴,支承垫石有无积水、翻浆和破损,梁跨两端四支座有无三支点现象。

6)桥面系

桥面系的养护状况直接影响行车的舒适性和安全性,其检查重点有以下几个方面:

(1)检查桥面铺装层,观察沥青混凝土面层平整度有无改变,是否有车辙、推移拥包、波浪等造成的跳车现象;是否有松散、露骨、泛油、开裂(纵裂、横裂、线状裂或龟裂)现象;桥面是否出现沉陷(均匀沉陷、不均匀沉陷、局部沉陷)、啃边(边缘破裂破坏)、锯齿状的粗糙状态;沥青路面中是否有异物,是否存在小范围的滴漏,如燃油、油漆、化学品等。一经发现,应视其病害及时进行相应的修补和整治。

(2)应检查行车道和铺装面层下的泄水孔的排水效果,保持排水通畅;检查桥面排水设施是否完好,泄水管道是否堵塞、损坏,盖板是否损坏、丢失,管体有无脱落,管口有无泥石杂物堆积。

(3)检查路基边缘、中央分隔带边缘与桥面铺装接缝处密封状况。

(4)桥面铺装层纵、横坡是否顺适。

(5)检查桥面防撞护栏、引桥防撞护栏是否牢固,连接螺栓有无变形、丢失、断裂、撞坏、锈蚀现象。各变形缝是否有间隙。栏杆外观是否整齐,应保持其干净、完好状态,栏杆立柱竖立正直,横梁能自由伸缩。如有损坏应及时修复或更换,必要时要进行清洗,保证结构物轮廓清晰。

(6)检查防眩光板是否完好,发现缺失的应及时补缺,每年要进行一次全面维修。

桥面系的日常小修保养应注意以下问题:

(1)应经常清洗、冲刷桥面,保持桥面清洁、平整、排水良好、色泽均匀。

(2)加强检查,随时排除有损桥面的各种因素,发现桥面铺装表面出现损伤,应及时修补,保证任何时候不得有坑槽。桥面防水层如有损坏,应及时修复。

(3)桥上若发生交通事故或其他意外事故,应及时对桥面及交通安全设施的破坏进行检查,并进行相应的修补。

(4)桥面铺装与路边缘、中央分隔带边缘密封效果不好,应及时组织修复,防止雨水渗入。

(5)及时处理铺装病害。

(6)按照计划部署进行除雪与防冻。

(7)要坚持每日一小查、每周一大查的工作方法,要把日常检查、发现病害和病害处治工作有机联系起来。

7)伸缩缝

伸缩缝的检查主要是检查伸缩缝是否堵死、挤死、失效、各部构件是否完好,锚固连接是否牢固,连接件是否松动,有无局部破损、密封橡胶带是否老化、失去弹性、异常变形或开裂,检查伸缩缝是否有不正常的响声或异常的伸缩量,伸缩缝各基本单元间间隙是否均匀,钢构件是否锈蚀、变形,伸缩缝处是否平整(仔细检查横向平整度和垂直方向每两间隙的落差)、有无跳车现象等,检测伸缩缝两侧阻水效果是否良好,是否有雨水从伸缩缝处沿横桥向泄漏污染桥梁等。

伸缩缝的日常小修保养主要是要保证伸缩缝平整、顺直、正常伸缩,处于良好的工作状态。

及时清除堵塞的杂物,出现渗漏、变形、连接部位开裂、跳车、异常噪声时应及时维修。

4.7 常见病害的维修措施

本节对山区高速公路桥梁常见病害的维修措施进行介绍,供养护管理人员参考。

1)桥梁基础病害维修

应根据基础病害的程度、范围和具体形式选择不同的维修加固方法。

(1)基础局部被冲空的维修

基础局部被冲空时,可采取下列措施:

①水深在3m以下时,可筑围堰将水抽干,以砌石或混凝土填补冲空部分。顶端与基础顶面平齐或稍高于基础顶面。

②水深在3m以上时,可在四周打板桩或其他方法作坝围堰,灌注水下混凝土防护。也可用编织袋盛装干硬性混凝土,每袋装置量为袋容积的2/3,通过潜水作业将袋装混凝土分层填塞冲空部分,并注意比基础每边边缘宽0.4m以上。

③当基础置于风化岩上,基底外缘已被冲空,应及时清除表面严重风化部分,在浅水时,填以混凝土,并将周围风化地基用水泥砂浆封闭。在深水时,应采取潜水作业,铺以袋装干硬性混凝土。

(2)基础大范围冲空的维修

基础周围被冲空范围较大时,除填补基底被冲空部分外,并应在基础四周采取下列防护措施:

①打梅花桩,桩间用块片石砌平卡紧。

②浆砌块片石或混凝土预制块。

③用铁丝、毛竹石笼,或以长柳枝、荆条织成捆,内装石片或卵石。

(3)墩台周围河床严重冲刷的维修

墩台周围河床冲刷严重、危及基础的,除修补被冲空的基础外,必须在洪水期过后,采取有效的防护措施,以防再次被冲坏。

2)桥梁墩台病害维修

(1)在墩台周围应设置保护区,不得任意在保护区内作业或修建对桥梁有害的建筑物。在桥下树立警示牌,明确禁止在保护区内危及桥梁安全的活动。应保持墩台表面应保持清洁,及时清除青苔、杂草和污秽。

(2)墩台混凝土表面发生锈蚀、剥落、蜂窝、麻面、露筋等病害时,应及时将周围凿毛、洗净,用水泥砂浆修理。

(3)当承台由于混凝土温度收缩、局部应力集中、施工质量不良等原因产生裂缝时,应视裂缝大小及损坏原因采取不同措施进行维修。

①当裂缝宽度小于规定限值时,可凿槽并采用喷浆封闭裂缝的方法。

②当裂缝宽度大于规定限值时,可采用压力灌浆法灌注水泥砂浆、环氧砂浆等灌浆材料修补方法。

(4)当墩台因施工不良或基础不均匀沉降等原因发生裂缝时,应及时修补裂缝,当墩台表层出现缺陷时,应及时采用同等材料或高性能材料进行修补。若在混凝土盖梁顶部出现竖向裂缝,要高度重视预应力梁。这些竖向裂缝一般是由于弯拉应力作用引起的,一旦有水流入裂缝,就会渗入盖梁内部,造成钢筋锈蚀,混凝土析碱泛白,出现白垢,对结构安全造成较大隐患。

(5)墩台网状裂缝,为非受力裂缝,对墩台本身应力无多大影响,一般无须修补。在墩台顶部或容易积水处,为防止因冻胀而使裂缝逐渐扩大,可用环氧树脂砂浆修补。

(6)不影响墩台安全的裂缝,若裂缝宽度小,已趋稳定,未上下贯通或左右对称,过车时没明显张合现象,经分析不影响墩台安全时,可用环氧树脂砂浆或压注浆液进行处置。对继续发展且裂缝较宽,上下贯通或左右对称,过车时有张合现象的受力裂缝,应找出裂缝发生的原因,采取有效的加固措施。对有急剧发展、张合严重、缝口错牙、影响承载力、危及行车安全的裂缝,应立即采取临时措施保障行车安全,再查明原因进行加固改造。

(7)墩台沉降或位移超过容许限值,应加强观察,继续发展时应采取扩大承台或补桩等措施予以加固。

(8)墩台发生严重病害时,应组织专家鉴定处理,检查原因,制定处理方案。

3)混凝土病害维修

出现缺陷后,要先进行原因分析,采取有针对性的措施进行处置:

(1)混凝土收缩裂缝维修

构件表面收缩龟裂一般是由于养护不当、表层失水、干缩而造成的,这类裂缝一般不深,多数深度不超过保护层厚度,对此进行表面封闭即可。裂缝封闭有以下方法:

①注入稀环氧树脂胶。

②凿槽后采用无收缩水泥基专用修补砂浆修补。

③裂缝较深凿槽后采用高强度免振无收缩砂浆修补。

④涂抹渗透结晶型水泥基浆料。

(2)钢筋锈蚀引起的裂缝

混凝土中钢筋产生锈蚀后,由于锈皮会吸湿产生化学反应而膨胀,其体积将增大2～4倍,从而胀裂混凝土保护层。当构件表面出现顺筋向裂缝,并确定是由于内部钢筋锈蚀所引起,即使表面顺筋向裂缝宽度小于受力裂缝宽度限制0.2mm,甚至在0.1mm以下时,也应及时维修。维修方法如下:

①锈蚀钢筋彻底除锈,补焊钢筋,弥补钢筋锈损,然后用混凝土包裹保护。

②锈蚀钢筋彻底除锈,用混凝土修补,粘贴钢板或碳纤维布,补充钢筋截面损失。

③保护层混凝土已全面碳化,不防锈,采用环氧树脂胶涂刷封闭混凝土毛细孔,隔离水及腐蚀物质,防止钢筋继续锈蚀。

④渗入渗透型阻锈剂,防止钢筋锈蚀。

(3)集料膨胀引起的裂缝

这类材料自损现象危害很大,当在一处首先发现这类病害时,应把它当作一个信号,很可能在其他部位也会相继出现。集料膨胀的维修方法如下:

①发现一处及时修补一处,修补时首先把膨胀集料挖除。

②做好混凝土毛细孔封闭工作,如在混凝土表面涂刷环氧树脂,隔绝水分或潮气侵入,以

减缓病害发展速度。

③由于集料膨胀病害发展是缓慢的，当发现该病害时，应详细检查后及时采取对策，对已发现的集料膨胀锥体，应及时清除，以防坠落伤人。

(4)其他裂缝

发现裂缝应马上检查裂缝的走向、裂缝梁端的高差、缝宽、缝深，观察裂缝处有无白浆渗出，或其他颜色黏液(如铁锈色、姜黄色等)、钟乳液等渗出。分析裂缝产生的原因是荷载还是非荷载裂缝，以及对结构的影响程度。

①当非荷载裂缝宽度值在允许范围内(纵向裂缝宽度小于0.20mm)时，应进行封闭处理，一般涂环氧树脂，或凿开后涂环氧树脂及环氧树脂浆膏。

②当非荷载裂缝宽度小于0.40mm或出现竖向裂缝时，表面打磨清理后直接涂刷2～3遍环氧树脂。

③当非荷载裂缝宽度大于0.4mm时，应先开槽，槽宽2cm，深约3cm，用环氧树脂砂浆修补。对于受力裂缝，应进行局部应力分析，并及时向原设计单位主管部门报告。并应加大观测密度，分析裂缝发展趋势。

④对于受力裂缝，应进行局部应力分析，并及时向原设计单位主管部门报告。并应加大观测密度，分析裂缝发展趋势。如裂缝发展严重时，应查明原因，咨询专家、委托设计或科研单位，采取加固处理措施。

(5)混凝土剥落、空洞、钢筋阻锈处理

①对于混凝土剥落、空洞，先用水冲洗修补部位，确保修补面洁净。将光滑的表面用工具凿毛，涂设高强度等级速硬水泥浆，确保保护层厚度，保证表面平整光滑。

②凿除表层松动混凝土至坚硬混凝土处，露出钢筋；用钢丝刷和砂纸除锈，露出金属光泽；在钢筋表面及周边涂刷钢筋阻锈剂，2h后涂刷加固界面剂，提高与表层的黏结力，然后用高强修补材料进行修复和面层整平，施工温度5～30℃，防止霜冻。

4)钢结构防腐

钢结构涂层投入使用后，应按照规定定期检查，进行涂层劣化评定，根据漆膜劣化情况，选择合适的维修或重涂方式。

(1)钢构件涂层维修涂装

维修涂装要求如下：

①当面漆出现3级以上粉化，且粉化减薄的厚度大于初始厚度的50%，或不满足景观要求时，彻底清洁面涂层后，涂装与原涂层相容的配套面漆1～2道。

②当涂膜处于2～3级开裂，或2～3级剥落，或2～3级起泡，但底涂层完好时，选择相应的中间漆、面漆，进行维修涂装。

③当涂膜发生Ri2～Ri3锈蚀时，彻底清洁表面，涂装相应的中间漆和面漆。

(2)钢构件涂层重新涂装

根据损坏的面积大小，钢桥外表面可分为以下3种重涂方式：

①小面积维修涂装。先清理损坏区域周围松散的涂层，延伸至未损坏区域50～80mm，并修成坡口，表面处理至Sa级，涂装低表面处理环氧涂料+面漆。

②中等面积维修涂装。表面处理至 Sa2 $\frac{1}{2}$级，涂装环氧富锌底漆+环氧(云铁)漆+面漆。

③整体重新涂装。表面处理至 Sa2 $\frac{1}{2}$级，按照相关要求的涂装体系进行涂装。

重新涂装要求为：

①当涂膜发生 Ri3 以上锈蚀时，彻底的表面处理后涂装相应配套涂层。

②当涂膜处于 3 级以上开裂，或 3 级以上剥落，或 3 级以上起泡时，如果损坏贯穿整个涂层，应进行彻底的表面处理后，涂装相应配套涂层。

涂装工艺要点如下：

①钢桥内表面维修或重新涂装底漆宜采用适用于低表面处理的环氧底漆，并宜采用浅色高固体分或无溶剂环氧涂料。涂层材料宜采用原设计的材料。

②雨天、雾天、雪天以及湿度大于 85%时不宜进行涂装施工。涂装时环境温度宜在 5～38℃之间，钢材表面温度应高于露点 3℃以上。

5)沥青混凝土桥面病害维修

(1)混凝土桥面板缺陷维修，见表 4.3。

混凝土桥面板养护维修 表 4.3

病害、缺陷	养护维修对策
混凝土露筋、剥落	①当面积不大时，凿去松动保护层、除锈，环氧砂浆等修补； ②当面积大时，凿去松动保护层、除锈，用高强度等级水泥砂浆修补
受拉区裂缝	①当裂缝宽度小于允许值时，宜用封闭材料(如环氧树脂等)进行封闭处理； ②当裂缝宽度大于允许值时，需分析裂缝产生原因，确定是否采取补强加固； ③当裂缝发展严重，或挠度超过规定值时，可采用梁底粘贴法，如粘贴碳纤维等

(2)沥青铺装缺陷维修，见表 4.4。

桥面沥青铺装缺陷维修 表 4.4

病害缺陷	养护维修对策
表面油污	如果仅在表面，并且没有造成安全隐患，没有严重损害桥面美观，或没有对桥面造成实质性的损坏则不予处理，否则用性质温和的清洗剂刷洗以清洁桥面； 如果污迹已渗入沥青混凝土中，则加热并除去受污的材料，检查以确定是否所有的受污料已被清除以及防水黏结层是否受到了损坏，如果没损坏则修复沥青面层，如果防水黏结层受到损坏，则应修复整个沥青铺装结构
表面凹痕	检查压痕是否已经导致渗水，如果是，则参阅裂缝修复，否则参照以下建议： 如果凹痕细小，则应先除去碎石，然后加热沥青砂胶并将凹痕周围的沥青推挤到凹痕处使它与周围水平，最后进行表面处治； 如果凹陷面积很大或表面很不平整，则应稍稍加热沥青砂胶，然后除去沥青碎石，将隆起的材料压挤下或除去多出的材料，加入新的沥青材料使其平整，完成表面处治
局部坑洼	如果是由于有机溶剂、车辆行驶过程中泄漏的油等造成的坑洞，则把这些区域连同油污一起清除掉，将坑洞及附近整个沥青系统清除并修复，否则参阅表面凹痕的修复建议
鼓泡	如果出现多个鼓泡，或在短期内鼓泡问题连续出现在同一个路段，则说明该沥青铺装体系很可能存在问题，应该打开鼓泡进行检查，如果是，则该对路段的沥青铺装层进行处治； 如果鼓泡的密集程度较小且范围小，可只对鼓泡处理而不触及沥青铺装结构，其具体做法为：首先在沥青面层上钻孔来排放鼓泡内的气体，吸出钻孔内的灰尘，用注射器将密封胶灌入鼓泡底部，并用红外线加热器对沥青砂胶徐徐加热使其软化，再用锤子和铁垫块夯实以完成表面处治

续上表

病害缺陷	养护维修对策
裂缝	对裂缝做到“即裂即填”、“即裂即补”，及时填补、灌浆。 微裂缝：建议采用灌缝措施，具体做法：首先采用性质温和的清洁剂对微裂缝进行清洗，确保裂缝部位清洁、干净，然后根据需要灌注聚合物黏结剂或填充缝隙的密封胶。 细小裂缝：此类裂缝是由于表面的凹痕或撕裂造成，水暂时还没进入铺装层内部。具体的处治方法：对于宽度在1～2mm的裂缝，可用注入环氧树脂胶的方法处理；对于宽度在2mm以上的裂缝，宜用注入环氧沥青黏结料的办法处理
表面碎石脱落	由于车辆在桥面上急转弯或重物的重压等原因往往引起表面沥青碎石脱落，如果没有引发其他的缺陷，则清理已脱落的碎石和压碎的石子，如果引发其他的缺陷则参阅相应的修补建议
接缝开裂	如果接缝材料脱落，则用火枪加热并除去接缝料，清洗缝隙；然后检查是否仍有污迹，如有污损则除去附近的沥青砂胶，进行修复

6)缆索病害维修

(1)缆索PE外套开裂维修

①如护套裂缝没有穿透PE，可首先用热补法修复护套，再用专用缠包带对开裂位置进行修补。

②如果钢丝已有锈蚀，或表面潮湿，裂缝内有锈水渗出，则应沿裂缝处剥开PE，排出水分，对缆索进行干燥后，再修复防护层，用缠包带进行缠包。

③进行修补时应注意施工温度，建议于夜晚气温较低时进行施工。

④如发现缆索PE损伤过于严重，不能修复，应进行剥除更换。

(2)缆索钢丝锈蚀维修

①以热挤高密度聚乙烯作护套的工厂成品索，如护套有裂纹，套内钢丝有轻微浮锈，应清除浮锈，钢丝表面涂防锈涂料或防锈油后热补聚乙烯护套。

②缆索端部锚头部分等应力集中处发现钢丝有应力腐蚀或氢致开裂(如钢丝上有锈蚀凹坑、剥蚀)应立即更换拉索。

③对发现严重钢丝锈蚀(锈蚀率超过总钢丝面积的10%时)的缆索应及时进行更换。

④锚端钢承压板四周的混凝土松动、剥落、开裂，应先将松动的混凝土去除，检查损坏的范围，如内部钢筋锈蚀造成混凝土起壳剥落，应先对钢筋除锈，将损坏的混凝土部分凿去再修补；锚杯和螺母的梯形螺纹出现变形裂缝时，需进一步探伤，测量索力做技术鉴定。根据鉴定结果，进行修补。

(3)锚具锈蚀维修

①加强锚头的防腐，如采用热镀锌或重防腐涂装等措施。

②加强拉索连接筒的密封性。

③对开裂护套进行及时修复。

④定期对锚头进行检查，对发现的锈蚀立即进行除锈，重新涂装，防护层损坏应及时修复。

⑤当发现锚头锈蚀，应将锚具以及支承垫块外的原有防锈材料及锈迹擦净，再涂防锈材料进行防护。

7)支座的维修和更换

(1)桥梁支座有缺陷或发生故障时应进行维修和更换。主要包括:

①滚动面不平整,轴承有裂纹、切口以及个别辊轴大小不合适时,必须予以更换。

②梁支点承压不均匀时,应进行调整。调整时可采用千斤顶把梁上部顶起,然后移动调整支座的位置。在矫正支座位置以后,降落上部构造时,为避免桥孔结构倾斜,应徐徐下落,并注意千斤顶的工作状态是否均衡。同时调整用于顶升框架的楔子,以保证上部结构能恢复原位。

③桥梁支座座板翘起、扭曲、断裂时应予以更换或补充,焊缝开裂应予以维修加固。支座更换时也可采用顶升法施工。

④如要抬高支座,可采用捣筑砂浆垫层、加入钢板垫层或预制钢筋混凝土块的办法。

⑤油毛毡支座因损坏、掉落而不能发挥作用时,橡胶支座因老化、变质而失效时,都须进行调整,加以维修加固。

⑥钢辊轴式支座辊轴(摇轴)的实际纵向位移应与计算的正常位移相符。如实际纵向位移大于容许偏差或有横向位移时,应加以矫正。

(2)支座更换一般规定

①更换支座施工应符合现行《公路桥涵施工技术规范》(JTG/T F50—2011)、《公路桥梁加固施工技术规范》(JTC/T J23—2008)的相关规定,新支座的构造应符合设计要求及相关行业规定。

②整体更换支座施工方案应通过计算确定更换支座的批次,顶、落梁的位移量及工序。

③顶升梁体的临时支架应满足强度、刚度及稳定性要求。

④梁的顶升和落梁应按设计要求进行,顶升和落梁时宜临时封闭交通。

⑤支座更换时应根据环境温度进行支座偏移量的验算,并宜选择在有利的温度条件下施工。

⑥测量原支座和新支座的高度差,确保梁体、桥面高程符合加固设计要求。

更换支座时,应将梁板顶升脱离墩、台帽并临时支撑。清除破损支座垫片,换成新橡胶支座。当简易支座处出现主梁端部和墩台混凝土裂缝时,应按现行《公路桥梁加固施工技术规范》(JTG/T J23—2008)的规定处理,宜在支座部位的梁端和墩台顶面布设钢筋网加强。

(3)板式橡胶支座更换

①检查、处理原支座垫石的缺陷,使结构完好,顶面高程及平整度符合设计要求。

②按设计要求放置橡胶支座,支座中心线应与支承垫石中心线重合。

③弯、坡、斜桥的支座垫石高程应按桥梁纵横坡要求逐个进行核算。

(4)盆式橡胶支座更换

①支座组装时其底面与顶面钢垫板应埋置密实。垫扳与支座间平整密贴,支座四周不得有0.3mm以上的缝隙。活动支座的四氟板和不锈钢板不得有刮痕、撞伤,氯丁橡胶板块密封在钢盆内,应排除空气,保持紧密。

②活动支座更换安装前清洗滑移面,在储油槽内注满清洁的硅脂类润滑剂。

③盆式橡胶支座的顶板和底板可用焊接或锚固螺栓拴接在梁体底面和墩台顶面的预埋钢板上。采用焊接时,应防止烧坏混凝土;安装锚固螺栓时,其外露螺杆的高度不应大于螺母的厚度。

④按考虑预偏量的位置安装支座。

8)伸缩缝维修和更换

桥梁运营过程中,由于各种原因伸缩装置会出现破坏,从而失去原有效用,需对其进行维修或更换。伸缩缝维修应首先从破损原因着手,分析问题的症结,决定修补的方法、接缝材料,重点考虑后铺材料的选择。不但要考虑材料的工作性能,还要考虑必要的养生时间以选择开放交通的时间。

(1)锌铁皮和橡胶后嵌对接式伸缩装置的修补程序

决定修补宽度,作修补记号;清理和凿去不良的混凝土,安置模板浇筑后铺材料;养生,安置对闭式橡胶伸缩缝;检查验收,开放交通。

(2)模数支承式、伸缩装置、对接式橡胶伸缩装置及胶组合剪切式(板式橡胶型)伸缩装置的修补程序

决定修补宽度,作修补记号;清理和凿去破损的混凝土,安置模板;安装器调整(橡胶伸缩缝的一部分:锚固螺栓、锚固杆、角钢等);安置主筋、分布钢筋、加固钢板;浇筑后铺材料(混凝土、树脂混凝土);养生,取下安装器和模板,安置橡胶条(块);检查验收,开放交通。

(3)钢制支承式伸缩装置的修补程序

要注意修补与更换问题,修补注重在局部修理或钢渣的焊接工艺与周边部件的协调处理。更换时应满足以下规定:

①对有损伤的钢板应予以清除并更换新钢板,其规格型号应满足设计要求,锚固筋损坏的应加接,如损坏严重无法加接,应补植锚固筋。

②防水系统有破损时,应拆除梳形钢板伸缩装置进行修补。

③梳形伸缩装置的间隙,应按更换安装时的梁体温度确定。

④连接螺栓损坏时,应更换同型号螺栓。

9)翼墙、裙墙及锥坡病害维修

(1)翼墙、耳墙、裙墙

翼墙容易出现勾缝脱落和墙体开裂外倾等病害,耳墙要注意渗水、碱蚀,开裂,桥梁裙墙容易出现勾缝脱落、麻面等病害。翼墙勾缝脱落与自然侵蚀及施工质量有关,翼墙墙体裂缝及外倾与台后填土压力、桥台与翼墙不均匀沉降等因素有关。

针对翼墙的各病害情况,建议采取以下措施:

①对于翼墙墙体外倾较轻微的在开裂、外倾处,用水泥砂浆勾缝。

②对于情况比较严重的建议增加支撑墙或拆除重建。

③对于翼墙墙体裂缝,先将缝隙凿毛,清除碎碴和杂物,最后用水泥砂浆填塞。墙身勾缝脱落处,重新勾缝。

④对于裙墙外倾较轻微的在开裂、外倾处,用水泥砂浆勾缝,严重的建议拆除锥坡及裙墙重建。

(2)锥坡

大、中桥锥体护坡同样易出现不同程度的勾缝脱落,桥梁锥坡挡墙开裂、外倾,局部破损,锥坡护坡沉陷、局部冲刷掏空、护坡六角空心砖缺失等病害。锥坡勾缝脱落与自然侵蚀及施工质量有关;锥坡挡墙开裂、外倾主要与土压力有关;护坡沉陷主要由护坡下填土不实引起。针

对锥坡存在各种病害情况，采取以下措施处理：

①对于护坡冲刷掏空处应结合处理桥台伸缩装置来进行处理，并重新恢复锥坡。锥坡勾缝脱落处，重新勾缝。

②对于锥坡沉陷部位，随后对锥顶易进水的部位利用混凝土进行封堵，对塌陷部位进行灰土回填、夯实、重砌六棱块；再次对脱落、剥离、松散的勾缝进行清除，在护坡（锥坡）与桥台相接处用水泥砂浆重新勾缝，对易接触水的部位制作"加强砖"，做到防治结合、不留隐患。

10）调治构造物病害维修

（1）防汛墙的养护

①洪水前后应巡查并及时清除漂浮物。

②经常检查防汛墙是否存在裂缝、混凝土脱落等缺陷。

③保持防汛墙基础处于良好的工作状态。

（2）防汛墙的修理

①基底下渗漏可在基底背水端部增嵌换土。

②变形缝渗水的修补方法，应清除缝内杂物，随后用油浸麻丝嵌实，表面用石棉水泥封堵。

（3）其他

①导流堤、梨形堤、丁坝、顺坝等调治构造物，应保持完好，能够均匀、顺畅的引导水流。

②洪水前后应巡查并及时清除调治构造物上的漂浮物。

③常检查裂缝、松散等缺陷，发现后应及时修补。

④调治构造物上出现较大裂缝或坍塌时，应及时修理。

4.8 检查、检测及维修加固方法

桥梁检查、检测及维修加固的方法日新月异，即使是同类的加固方法，其操作工艺也可能大不相同。本节所介绍的维修加固方法均是由大桥相关损伤触发的，不包括对于桥梁的常规养护工作，例如大桥保洁、伸缩缝杂物清除等。本节所介绍的维修加固工艺也均是常规工艺，对于支座、伸缩缝、阻尼器等桥梁构件的维修与大桥所选择的具体产品密切相关，当该类构件出现损伤时，建议管养单位充分听取相关生产厂家的意见和建议后，再决定加固维修方案，在本节中不做介绍。本节所介绍的加固维修方法主要供管养人员了解，在具体实施时，一般要求管养单位委托具有资质的设计和施工单位进行设计和实施。由于内容较多，本书不再赘述，相关内容见附录。

第5章 隧道工程养护管理

5.1 山区高速公路隧道特点

高速公路平、纵面线形要求高，要穿越小型山体，通常以挖方路基通过。山区地形往往山连山，且山体大，设计断面山体地面距路面设计高程高差大，当地面高程超过设计高程一定高度时，若是采取挖方形式，防护工程量大，安全风险高，对自然环境破坏严重。与挖方相比，隧道则是通过高山路段的最优方式，是山区高速公路的重要结构物，是山区高速公路有别于平原地形高速公路的重要标志。山区高速公路隧道工程主要有以下特点。

1)隧道数量多

随着我国高速公路的主战场转向山区省份，隧道数量不断增加，据交通运输行业发展公报统计，截至2013年年底，全国公路总里程达435.62万km(公路养护里程425.14万km，占公路总里程97.6%)。全国公路隧道为11 359座、960.56万m，较前增加1 337座、155.29万m，其中，特长隧道562座、250.69万m，长隧道2 303座、393.62万m。这些公路隧道绝大部分分布在山区高速公路上，且每年以较快的速度增长。

2)长大隧道所占比例大

为了带动偏远地区的经济发展，山区高速公路越修越远离中心城区，向地形更加复杂的山区发展，单个隧道长度也越来越长，长隧道、特长隧道、超长隧道在山区高速公路所占比例大。目前，我国最长的高速公路隧道是秦岭—终南山隧道，该隧道长约18.1km。此外，3km以上的隧道不在少数。

3)隧道结构形式多样化

由于考虑交通量、通风、节能、防灾救灾等因素，高速公路双洞单向隧道逐渐取代了普通国省道单洞双向隧道，隧道的结构形式也出现多样化。根据不同的地形、地质条件，分离式隧道、连拱隧道、小净距隧道等不同结构形式的隧道在山区中得到了广泛的应用(如图5.1～图5.3所示)，衍生出诸如全断面开挖、台阶法、分步开挖法等施工方法，同时针对高温隧道、冻土隧道、黄土隧道、岩爆隧道、瓦斯隧道等特殊地层隧道的

图5.1 分离式隧道

新的结构设计形式也逐渐在实际工程中应用。

图 5.2 连拱隧道

图 5.3 小净距隧道

4)隧道群现象突出

由于山区地形此起彼伏,除造成桥梁隧道相接情况较为普遍外,也常导致多座隧道与隧道毗邻,且相邻距离较近的隧道群现象。隧道群导致驾驶员在行驶过程中在隧道进出口明暗交替频繁,对交通安全影响大。

5)危险性高,救援难度大

隧道是一个相对封闭的环境,行驶在内的车辆多,受照明、通风等条件的影响,驾驶环境相对自然环境较差。隧道内一旦发生交通事故,很容易发生二次事故,且逃生困难,救援难度大,给高速公路运营管理带来了极大考验。

5.2 影响隧道安全运营的主要因素

车辆在高速行驶状态下,进入隧道的封闭空间行驶,在正常状态下是有安全保障的。但实际上行驶在高速公路上的车辆组成复杂、隧道管理水平不一,突发事件不可预知,使车辆在穿越隧道过程中存在诸多安全隐患,隧道往往是山区高速公路的事故多发路段。影响山区公路隧道运营安全的因素主要有以下特点。

1)土建结构病害导致直接事故

公路隧道具有断面积大、防水要求高、周边环境较复杂的特点,由于设计、施工不当、养护不到位或围岩和地下水条件变动等方面的原因,国内大部分公路隧道在建成初期或运营几年后都不同程度地出现了衬砌开裂、渗漏水、错台、蜂窝麻面等病害,给后期隧道运营埋下许多安全隐患。如果养护管理不到位,隧道衬砌剥落、掉块、路面渗漏水、翻浆冒泥等极易诱发交通事故。

2)机电设施养护不到位

机电设施主要指为隧道运营服务的相关设施,是高速公路隧道工程的重要组成部分,包括供配电设施、照明设施、通风设施、消防及救援设施、监控设施等。若机电设施不能正常工作,照明、通风等设施不能正常运行,隧道内将是漆黑一团、乌烟瘴气、有害气体漫延,严重影响行车安全和驾乘人员的身心健康,且事故发生后易导致二次事故的发生;在事故发生后,由于消防、救援、监控等设施处于瘫痪中，相关的消防、救援等工作也受到影响，无法迅速保证隧道内驾乘人员的生命财产安全。

3)照明系统设置和管理不科学

照明是影响隧道运营安全的重要因素，照明设施虽是机电设施的一部分，但隧道照明系统还包括背动反光标等非机电诱导标志，是一个需要独立设计的系统。车辆白天在高速公路大部分路基段落行驶时都是比较舒适和安全的，但在通过隧道时，进出口会产生黑洞效应和白洞效应。在进出隧道瞬间，若照明设置不合理，会严重影响驾驶员的视觉，无法辨别进出口前方的障碍和线形，从而导致交通事故的发生；在隧道内，两侧反光标的缺失或失效，也会使运行环境大打折扣，影响运行效率和运营安全。山区高速公路气候环境复杂，隧道进出口及洞身段照明在昼、夜、阴、晴环境下的控制是不同的，若控制不科学或不到位，对行车安全和车辆运行环境有很大影响，严重影响高速公路的行车安全和运行效率。如在隧道管理初期阶段，部分运营单位管理人员由于未掌握隧道照明应与运行环境相协调的规律，将隧道与民用住宅一样管理，白天关灯，夜晚开灯，这是不科学的，不但给行车造成严重安全隐患，也不能科学地节省用电。

4)复杂气候造成车辆失控

山区高速公路行车气候复杂，车辆在带状高速公路上行驶途中往往会经历不同的天气，小气候使隧道路面湿滑，照明管理难以控制，特别在连续急弯、纵坡路段，易造成车辆失控，从而影响行车安全。

以上因素表明，隧道的养护管理是至关重要的，养护管理得力，养护工作到位，在营造和谐运营环境的同时，可最大限度地避免安全事故的发生。

5.3　隧道养护管理的基本要求

公路隧道的养护应贯彻“预防为主、防治结合”的原则，加强预防性养护，保持山区公路隧道正常的使用状态。山区公路隧道养护对象主要包括隧道土建结构、机电设施、照明设施和消防设施等，养护工作主要是针对以上养护对象进行检查、检修、病害处治和维修。

同等级公路的隧道，因交通量、技术状况和自然条件的不同，其养护需求和养护资源也不一致。山区公路隧道养护时针对不同的公路隧道实行差异化的养护工作频率、养护技术标准及养护资源配备。按隧道长度和交通量大小，养护等级可分为三个等级，见表 5.1。

高速公路隧道养护等级分级表　　表 5.1

日均交通量(pcu/d/ln)	隧道长度 L(m)			
	$L>3\,000$	$1\,000<L\leqslant3\,000$	$500<L\leqslant1\,000$	$L\leqslant500$
≥12 000	一级	一级	一级	二级
7 001～12 000	一级	一级	二级	二级
≤7 000	一级	二级	二级	三级

5.4 隧道土建结构的养护管理

隧道的各类土木建筑工程结构物，主要包括洞口边仰坡、洞门、衬砌、路面、防排水设施（排水管沟、中心深埋水沟、盲沟等）、斜（竖）井、检修道（洞）、风道及其他辅助工程等结构物。土建结构的养护工作分为日常巡查、清洁维护、结构检查与评定、保养维修和病害处治五个部分。其中土建结构养护时应使洞口边仰坡稳定，无开裂、滑动；洞门结构物完整，无腐蚀、剥落、变形裂缝、渗水滴漏结冰等现象；结构物衬砌断面完整，无腐蚀、剥落和变形裂缝；洞内无渗水、滴漏和结冰、挂冰等现象；保持路面平整、坚固，无积水，不出现破坏断裂、推移、鼓包、车辙、翻浆、坑槽破碎等变形现象；排水构造物完整无缺损，不阻塞，流水通畅；其他辅助工程完整无损坏、变形。

5.4.1 日常巡查

日常巡查主要是对公路隧道总体性安全进行日常巡查。主要检查隧道洞口、衬砌、路面是否存在妨碍交通安全和结构安全的异常事件。日常巡查频率应不少于1次/日，雨季、冰冻季节和极端天气，应增加日常巡查的频率。日常巡查可以采用车行和信息化手段相结合的方式进行，发现异常情况应予以照相或摄像。日常巡查发现路面有妨碍通行的障碍物或其他异常情况时，应视情况予以清除或报告。日常巡查应做好异常情况及其处理情况记录。

5.4.2 清洁维护

清洁维护的工作内容主要包括扫除隧道内垃圾、清除结构物脏污、清理（疏通）排水设施，以经常保持结构物外观的干净整洁。

1）周期频率

一般来说，隧道交通量越大、污染越严重、结构物越易脏污，清洁周期越短；否则反之。隧道清洁维护频率应不低于表5.2的频率。结构物的清洁养护通常都选择在交通量较小的时候进行，以尽量减少交通干扰，降低事故风险。

高速公路隧道清洁维护频率　　表5.2

养护等级／清洁项目	一级	二级	三级
路面	1次/日	2次/周	1次/周
内装饰、侧墙 检修道、横通道 标志标线、诱导灯和轮廓标	1次/周	1次/半月	1次/月
排水设施	1次/季度 雨季应加强	1次/半年 雨季应加强	1次/半年 雨季应加强
顶板	1次/年	1次/2年	1次/3年
斜（竖）井	1次/年	1次/2年	1次/3年

2)目标要求

隧道内路面应保持干净、整洁,无垃圾和杂物,两侧边沟不应有残留垃圾等物品;顶板、内装饰和侧墙应保持干净、整洁,无污垢、污染、油污和痕迹,交通事故造成的墙面痕迹应予以清除;在汛前、汛中和汛后及极端降水天气后应对排水设施进行检查和清理疏通工作;隧道标志、标线、诱导灯和轮廓标应保持清晰、醒目。

3)方法及操作

(1)路面清洁

隧道内路面由于无雨水冲刷,较易脏污,路面的散落物对行车安全威胁较大,因此清洁周期需短一些。隧道路面清洁以机械清扫为主,防止产生扬尘。清洁时,要加强对路侧边沟的清洁,避免垃圾堵塞隧道排水系统,造成水在路面漫流,影响行车安全,散落路面的较大垃圾应及时清除;车道两侧、紧急停车带等经常积聚尘土和散落物,使分道标志标线、轮廓标志等难以识别,清扫时需特别留意;当发现路面被油类物质或其他化学品玷污时,应采取必要的措施清除。

(2)顶板、内装饰和侧墙清洁

为经常保持顶板和内装饰的外观整洁,维护舒适的通车环境,提高照明系统的功效,需定期对顶板和内装饰进行清洁养护。顶板、内装饰和侧墙的清洁以机械作业为主,以人工作业为辅。清洁方式有湿法和干法两种。

湿法清洁目前应用较为广泛,清洁效果较好,但作业规模大,需设置清洁沉淀池,将废水处理后排放。采用湿法清洁时,应注意保护隧道内机电设施的安全,防止水渗入设施内,腐蚀设备,防止路面积水和结冰,并应保证用电安全。清洗用的清洁剂,可根据实际效果选择确定,应尽可能选用中性清洁剂,清洁剂应冲洗干净。

干法清洁无须处理废水,设备相对简单,但会产生大量的尘埃,清洁效果较差,飞散的尘埃可能再附着,恶化隧道环境。采用干法清洁时,应避免损伤顶板、内装饰和侧墙,以及隧道内机电设施。清扫时应采取必要的降尘措施。对于清扫不能去除的污垢,可用清洁剂进行局部特别处理。

(3)排水设施清理与疏通

隧道排水设施需经常进行清理、疏通,以保持其良好的排水功能,确保水流畅通无阻,及时排泄隧道衬砌背后地下水、隧道内漏水、污水、汽车挟带水以及其他积水,防止积水影响行车、损害隧道结构或设施。

在雨季和冰冻季节,隧道排水设施容易堵塞,应加强对其检查和疏通工作;在汛前、汛中和汛后以及极端降水天气后,应对排水设施进行检查和清理疏通工作;当隧道纵坡坡度在0.3%～0.5%时,水流缓慢,杂物易淤积,水沟易被堵塞,洞口段和边坡内容易积聚垃圾和各类杂物从而影响排水,应增加清理和疏通工作的频率;对于窨井和沉沙池,应将其底部沉积物清除干净。

(4)标志、标线、诱导灯和轮廓标清洁

当标志牌面、路面标线,诱导灯和轮廓标表面有污秽,影响其辨认性能时,应及时进行清洗,使其保持完整、清洁、醒目。清洗标志、标线和诱导灯时,应避免损伤其表面覆膜或涂层,并注意有源诱导灯用电安全。

5.4.3 结构检查与评定

结构检查与评定的工作内容主要包括发现结构异常情况，系统掌握和评定结构技术状况，确定相应的养护对策或措施。根据结构检查的目的、内容、方法等因素，土建结构的检查工作分为经常检查、定期检查、应急检查和专项检查四类。

1)经常检查

经常检查是对隧道土建结构的外观技术状况进行检查。其检查对象主要包括洞口(包括洞口防护设施、地面排水设施和减光设施等)、洞门、衬砌、路面、检修道、排水设施、吊顶(包括机电设施悬吊结构)、内装饰(包括装饰板、镶面等)、交通标志及标线轮廓线等设施。通过经常检查，应及时发现早期缺损、显著病害或其他异常情况，并确定对策措施。

(1)检查频率

按照公路隧道养护等级进行管理时，隧道结构经常检查频率一般参考表5.3规定的频率。

公路隧道结构经常检查和频率表　　表5.3

隧道养护等级	检 查 频 率
一级	1次/月
二级	1次/2月
三级	1次/季度

(2)检查方法

经常检查宜采用目测方法，配合皮尺、钢卷尺、铁锤、手电筒和粉笔等常用的、易于携带的工具进行，以步行方式对隧道衬砌的裂缝、错台、起层、剥落以及排水设施等破损、堵塞、积水、结冰及其他异常情况等进行定性检查和详细记录，并做出定性判断。经常检查手段简单，主要由运营管理单位专业技术人员在目测或量测检查的基础上，描述检查项目的缺损类型，估计缺损范围和程度以及养护工作量，对异常情况定性地做出缺损状况判定分类，并提出相应的养护措施。

(3)检查内容与判定标准

隧道经常检查检查内容及判定标准按表5.4执行，经常检查缺损状况判断分为三种情况：情况正常①、一般异常②、严重异常③。

经常检查内容及判定标准　　表5.4

项目名称	检 查 内 容	判 定 描 述	
		一般异常②	严重异常③
洞口	边(仰)坡有无危石、积水、积雪；洞口有无挂冰；边沟有无淤塞；构造物有无开裂、倾斜、沉陷等	存在落石、积水、积雪隐患；洞口局部挂冰；构造物局部开裂、倾斜、沉陷、有妨碍交通的可能	坡顶落石、积水漫流或积雪崩塌；洞口挂冰掉落路面；构造物因开裂、倾斜或沉陷而致剥落或失稳；边沟淤塞，已妨碍交通
洞门	结构开裂、倾斜、沉陷、错台、起层、剥落；渗漏水(挂冰)	侧墙出现起层、剥落；存在渗漏水或结冰，尚未妨碍交通	拱部及其附近部位出现剥落；存在喷水或挂冰等，已妨碍交通

续上表

项目名称	检查内容	判定描述	
		一般异常②	严重异常③
衬砌	结构裂缝、错台、起层、剥落	衬砌起层,且侧壁出现剥落状况,尚未妨碍交通,将来可能构成危险	衬砌起层、且拱部出现剥落状况,已妨碍交通,并有继续恶化的可能
	(施工缝)渗漏水	存在渗漏水,尚未妨碍交通	大面积渗漏水,已妨碍交通
	挂冰、冰柱	存在结冰现象,尚未妨碍交通	拱部挂冰,形成冰柱,已妨碍交通
路面	落物、油污;滞水或结冰;路面拱起、坑槽、开裂、错台等	存在落物、滞水、结冰、裂缝等,尚未妨碍交通	拱部落物,存在大面积路面滞水、结冰或裂缝,已妨碍交通
检修道	结构破损;盖板缺失;栏杆变形、损坏	栏杆变形、损坏;道板缺损;结构破损,尚未妨碍交通	栏杆局部毁坏或侵入建筑界限;隧道结构破损,已妨碍交通
排水设施	缺损、堵塞、积水、结冰	存在缺损、积水或结冰,尚未妨碍交通	沟管堵塞,积水漫流,结冰,设施缺损严重,已妨碍交通
吊顶	变形、缺损、漏水(挂冰)	存在缺损、漏水,尚未妨碍交通	缺损严重,或从吊顶板渗漏水严重,已妨碍交通
内装	脏污、变形、缺损	存在缺损,尚未妨碍交通	缺损严重,已妨碍交通
交通标志、标线轮廓线	是否完好	存在脏污、部分缺失、可能会影响交通安全	基本缺失或严重缺失,影响行车安全

当经常检查中发现隧道存在一般异常②情况时,应进行监视、观测或做应急检查;当发现隧道存在严重异常③情况,应直接采取措施进行处治,若对其产生原因及详细情况不明时,还应做专项检查。

2)定期检查

定期检查是按规定周期对隧道土建结构的技术状况进行的全面检查。通过定期对隧道土建结构进行全面检查,掌握土建结构功能状况、评定结构技术状况、更新技术档案资料,为制订养护工作计划提供依据。考虑结构技术状况评定时定性和定量的要求,提高定期检查的技术水平,在必要的情况下,养护管理机构可以委托具有相应检测资质的专业机构实施。

(1)检查频率

定期检查的最大周期应考虑国内公路隧道的技术水平、工程质量、隧道重要性以及技术状况等因素综合确定,最长不得超过3年。检查宜安排在春季或秋季进行。对于新建隧道,为了尽可能早期发现结构破损情况,为日后的养护维修提供基本技术资料,应在交付使用1年后进行首次定期检查。

按照公路隧道养护等级进行管理时,隧道结构定期检查频率一般参考表5.5规定的频率。

公路隧道结构定期检查频率表 表5.5

隧道养护等级	检查频率
一级	1次/年
二级	1次/2年
三级	1次/3年

(2)检查方法

定期检查宜采用步行方式，配备必要的检测工具或设备，采用目测结合仪器观测的方法，对隧道土建结构的技术状况进行全面检查，检查时要求靠近结构，依次检查各个结构部位，注意发现异常情况和原有异常情况的发展变化。对于有异常情况的结构，应在其适当位置做出标记，并拍照或摄像记录，检查结果宜尽可能量化。

(3)检查内容

隧道定期检查内容见表5.6。

定期检查内容 表5.6

项目名称	检查内容
洞口	山体滑坡、岩石崩塌的征兆及其发展趋势；边坡、碎落台、护坡道的缺口、冲沟、潜流涌水、沉陷、塌陷等及其发展趋势
	护坡、挡土墙的裂缝、断缝、倾斜、鼓肚、滑动、下沉的位置、范围及其程度，有无表面风化、泄水孔堵塞、墙后积水、地基错台、空隙等现象及其程度
洞门	墙身裂缝的位置、宽度、长度、范围或程度
	结构倾斜、沉陷、断裂范围、变位量、发展趋势
	洞门与洞身连接处环向裂缝开展情况、外倾趋势
	混凝土起层、剥落的范围和程度，钢筋有无外露、受到锈蚀
	墙背填料流失范围和程度
衬砌	衬砌裂缝的位置、宽度、长度、范围或程度，墙身施工缝开裂宽度、错位量
	衬砌表层起层、剥落的范围和程度
	衬砌厚度、衬砌及仰拱后的空洞位置和大小
	衬砌渗漏水的位置、水量、浑浊、冻结状况
路面	路面上塌(散)落物、油污、滞水、结冰或堆冰等状况；路面拱起、沉陷、错台、开裂、溜滑的范围和程度
检修道	检修道毁坏、盖板缺失的位置和状况；栏杆变形、锈蚀、缺损等的位置和状况
排水系统	结构缺损程度，中央窨井盖、边沟盖板等完好程度，边沟开裂漏水状况；排水沟(管)、积水井等淤积堵塞、沉沙、滞水、结冰等状况
吊顶	吊顶板变形、缺损的位置和程度；吊杆等预埋件是否完好、有无锈蚀等；漏水(挂冰)范围及程度
内装	表面脏污、缺损的范围和程度；装饰板变形、缺损的范围和程度等
交通标志、标线轮廓线	外观缺损、表面脏污状况，连接件牢固状况、光度是否满足要求等

(4)技术状况评定

公路隧道土建结构技术状况评定时依据定期检查结果，综合考虑洞门、结构、路面和附属设施等各方面的影响，对隧道结构的技术状况进行更加全面、专业的评定，确定隧道的技术状况等级，提出各类隧道的维修处治措施，可由负责定期检查者完成。评定时应根据结构类型、病害形式、部位、状态以及发展趋势等因素进行综合分析，对比判断，确定隧道技术状况标度，提出相应的维修处治措施。

依据《公路隧道养护技术规范》(JTG H12—2015)，隧道土建结构技术状况判定，宜采用考虑隧道土建结构各分项权重的综合评定与5类隧道单项控制指标相结合的方法，先逐洞、逐段地对隧道土建结构各分项进行标度评定，再进行土建结构技术状况评定。

(5)检查成果及报告

定期检查结果应及时填入定期检查记录表，将检查数据及病害绘入隧道展示图，记录缺损或病害状况，分析成因，对结构物的技术状况进行评定，并提出养护和维修建议。定期检查完成后，应提交土建结构定期检查报告。

3)应急检查

应急检查是在隧道遭遇地震、洪水等自然灾害，发生火灾、交通事故或出现其他异常事件后对隧道进行的检查，以及时掌握隧道结构受损情况。应急检查的时机一般分为三种状况：在灾害性天气到来之前进行预防性应急检查、在灾害天气中进行应急性巡查、在灾难性天气过后进行补救性巡查。其检查方式以车行为主，巡查车速适当降低，发现异常情况应立即向应急抢险指挥中心报告，巡查车应配备可靠的通信设备和摄影、摄像器材，夜间巡查时还应配备有效的照明设备。

4)专项检查

专项检查是根据经常检查、定期检查和应急检查的结果，或者通过其他途径，对于需要进一步查明缺损或病害的详细情况的隧道，而进行的更深入的专门检测、分析等工作，是针对破损或病害局部开展的检查。通过专项检查，应完整掌握缺损或病害的详细资料，为是否实施处治以及采取何种处治措施等提供技术依据。

(1)总体要求

专项检查应委托有相应资质和能力的检测机构实施。此外，当一次检查不足以提供详细资料时，还需进行连续的或长期的检查。专项检查周期一般由经常检查、定期检查和应急检查结果确定。

在专项检查进行前，检测人员应对有关的技术资料、档案进行收集，并对隧道周围的地质及地表环境等展开实地调查，以充分掌握相关的技术信息，寻找土建结构发展变化的原因，探索其规律，确保专项检查结果的准确性。

专项调查时，宜对重大不良地质地段、重大结构病害或隐患处等特殊部位加强监控和管理，建立运营期长期自动化观测系统，对其结构变形、受力和地下水状态进行长期监测，频率取经常检查的频率。

(2)检查项目、内容及方法

专项检查应根据隧道的技术状况和性质，采用仪器设备进行现场测试、荷载试验及其他辅助试验，针对隧道现状进行分析，形成鉴定结论。专项检查的项目、内容及其要求，应根据经常检查、定期检查或应急检查的结果有针对性地确定，一般常由定期检查或应急检查报告提出，并由此确定专项检查的内容和要求。在检查之前应由承担单位编制专门的专项检查方案。专项检查的项目、内容及方法可按表5.7选择性实施。

专项检查项目、内容及方法　　表 5.7

检查项目		检查内容	检查方法
结构变形检查	道路线形、高程检查	道路中线位置、路面高度、缘石高度以及纵横度等测量	经纬仪、全站仪、水准仪、花杆卷尺
	隧道横断面检查	隧道横断面测量，周壁位移测量(与相邻或完好断面比较)	激光断面仪、收敛计、水准仪或全站仪
	净空变化检查	隧道内壁间距测量(自身变化比较)	收敛计、激光断面仪
裂缝检查	裂缝调查	裂缝的位置、宽度、长度、开展范围或程度等	砂浆扁饼、标记、裂缝测量计、标点等调查方法
	裂缝检测	裂缝的发展变化趋势及其速度；裂缝的方向及深度等	裂缝深度丝、染色法，钻孔取芯法、超声波法
漏水检查	漏水调查	漏水的位置、水量、浑浊、冻结及原有防排水系统的状态等	调查、秒表、计量容器
	漏水检测	水温，pH 值检查、电导度检测、水质化学分析	温度计、pH 测定器、电导计、调查、比色管法、取样分析
	防排水系统	拥堵、破坏情况	目测
材质检查	衬砌强度调查	强度简易测定，钻孔取芯，各种强度试验等	回弹法、超声回弹综合法、钻芯法
	衬砌表面病害	起层、剥落、蜂窝、麻面、孔洞、露筋等	目测
	混凝土碳化深度检测	碳化深度	采用酚酞液检查混凝土的碳化深度
	钢筋锈蚀检测	锈蚀	剔凿检测法、电化学检测法、综合分析判定法
衬砌及围岩状况检查	无损检查	无损检测衬砌厚度、空洞、裂缝和渗漏水等，以及钢筋、钢拱架、衬砌配筋位置及保护层厚度、围岩状况、仰拱填充层密度及其下岩溶发育情况	地质雷达、敲击声法、超声波法、电磁波法
	钻孔检查	钻孔测定衬砌厚度等、内窥镜观测衬砌及围岩内部状况	钻孔取芯、内窥镜
荷载状况检查	衬砌应力及拱背压力检查	衬砌不同部位的应力及其变化，拱背压力的分布及其变化	压力盒
	水压力检查	衬砌背后水压力分布及其变化规律	水压力计

(3)技术状况评定及报告

专项检查可选择性按照定期检查技术状况评定的相关标准和方法，针对性对缺损及病害的成因、范围、程度等情况进行技术状况分析评定，并提出相应的维修和处治养护措施。

5.4.4 保养维修

保养维修是为了保持结构完好状态，维持其正常使用功能。保养维修工作主要包括经常性或预防性的保养和轻微缺损部分的维修等内容，以恢复和保持结构的良好使用状况。

5.4.5 病害处治

病害处治内容包括修复破损结构，消除结构病害，恢复结构物设计标准，维持良好的技术功能状态。隧道常见的病害有：衬砌和围岩上产生裂缝、渗漏水及结冰、挂冰、堆冰；侧墙、八字墙、翼墙、门洞等结构物倾斜、位移鼓凸；衬砌表面风化、腐蚀、剥落；拱圈、侧墙变形及拱面松动、脱落；无衬砌隧道出现危石或大量碎落石；土隧道干裂、土块脱落，隧道山体失稳滑动，排水系统淤塞积水等。

病害处治的主要技术工作程序包括：检查、评定、设计、施工和验收。具体工作包括以下内容：

(1)病害处治方案前，应对病害隧道进行检测，对破损或病害的成因、范围、程度及其发展趋势等情况进行分析评定。

(2)处治设计应综合考虑隧道病害状况、地形、地质、生态环境及运营和施工条件，合理确定处治方案。处治方案可由一种或多种处治方法组成，处治方法可参照表5.8选用。

(3)在处治设计与施工中，应根据病害程度、地质条件、处治方案，进行工程风险评估，制订相应的应急预案。

(4)隧道处治施工应编制实施性施工组织设计方案。

(5)病害处治工程施工完毕后，应进行处治工程质量评定和交工验收工作。

病害处治方法选择表 表5.8

处治方法	病害原因												病害现象特征	预期效果
	外力引起的变化							材料劣化	渗漏水	其他				
	松弛压力	偏压	地层滑坡	膨胀性土压	承载力不足	静水压	冻胀力			衬砌背面空隙	衬砌厚度不足	无仰拱		
衬砌背后注浆	★	★	★	★	★	★	★		○	★	★		①衬砌裂纹、剥离、剥落 ②支护结构有脱空	初期支护与岩体、二次衬砌与初期支护紧密结合，荷载作用均匀，衬砌和围岩稳定
防护网								★					①衬砌裂纹、剥离、剥落 ②衬砌材料劣化	防止衬砌局部劣化
喷射混凝土	○	☆		☆	☆	○	○	☆	○		☆		①衬砌裂纹、剥离、剥落 ②衬砌材料劣化	防止衬砌局部劣化

续上表

处治方法	病害原因												病害现象特征	预期效果
	外力引起的变化									其他				
	松弛压力	偏压	地层滑坡	膨胀性土压	承载力不足	静水压	冻胀力	材料劣化	渗漏水	衬砌背面空隙	衬砌厚度不足	无仰拱		
施作钢带					☆			○			☆		①衬砌裂纹、剥离、剥落 ②衬砌材料劣化	防止衬砌局部劣化
锚杆加固	☆	★	☆	★	★	○	☆	○			☆	★	①拱部混凝土和侧壁混凝土裂纹、侧壁混凝土挤出 ②路面裂缝，路基膨胀	①岩体改善后岩体稳定性提高，防止松弛压力扩大 ②通过施加预应力，提高承受膨胀性土压和偏压的强度
排水止水	○	○	☆	○	○	★	★	○	★				①衬砌裂纹或施工缝漏水增加 ②随衬砌内漏水流出大量砂土	①防止衬砌劣化，保持美观 ②恢复排水系统功能，降低水压
凿槽嵌拱或直接增设钢拱	★	★	★	★	★	★	★	○					①衬砌裂纹、剥离、剥落 ②衬砌材料劣化	增加衬砌刚度，衬砌抗剪、抗压强度得到提高
套拱	○	☆	☆	☆	☆	○	○	☆			★		①衬砌裂纹、剥离、剥落 ②衬砌材质劣化	由于衬砌厚度增加，衬砌抗剪强度得到提高
隔热保温							★						①拱部混凝土和侧壁混凝土裂缝，侧壁混凝土挤出 ②随季节变化而变动	①由于解冻，防止衬砌劣化 ②防止冻胀压力的产生
滑坡整治		☆	★				○	○	○	☆	☆	☆	①衬砌裂缝、净空宽度缩小 ②路面裂缝，路基膨胀	防止岩层滑坡
围岩压浆	○	○				○	○	○	☆	☆	☆	☆	①拱部混凝土和侧壁混凝土裂缝，侧壁混凝土挤出 ②路面裂缝，路基膨胀	周边岩体改善，提高了岩体的抗剪强度和黏结力

续上表

处治方法	病害原因												病害现象特征	预期效果
	外力引起的变化							材料劣化	渗漏水	其他				
	松弛压力	偏压	地层滑坡	膨胀性土压	承载力不足	静水压	冻胀力			衬砌背面空隙	衬砌厚度不足	无仰拱		
灌浆锚固	☆	★	★	★	★						○	★	①拱部混凝土和侧壁混凝土裂缝,侧壁混凝土挤出 ②路面裂缝,路基膨胀	由于施加预应力,提高膨胀性岩层、偏压岩层的强度
隧底加固		★	☆	★	★	○	☆					★	①拱部混凝土和侧壁混凝土裂缝,侧壁混凝土挤出 ②路面裂缝,路基膨胀	提高对膨胀围岩压力和偏压围岩压力的抵抗力
更换衬砌	☆	☆	☆	☆	☆	○	○	★	☆	☆	★	★	①拱部混凝土和侧壁混凝土裂缝,侧壁混凝土挤出 ②路面裂缝,路基膨胀	更换衬砌,提高耐久性

注:1. 符号说明:★-对病害处治非常有效的方法;☆-对病害处治较有效的方法;○-对病害处治有些效果的方法。
2. 松弛压力中包括突发性崩溃。

5.5　机电设施的养护管理

机电设施是指为隧道运行服务的相关机电设施,包括供配电设施、通风设施、监控与通信设施等。

供配电设施包括高压成套开关柜、高压隔离开关、高压负荷开关、电力变压器、高低压熔断器、高低压电力电容器柜、低压开关柜、信号屏、综合微机保护装置、高低压母线、电力电缆、控制电缆、各种金属构件、自备发电机等各种为隧道用电设施服务的供配电及辅助设施。

通风设施主要包括轴流风机、离心风机、射流风机及其配套设施等。

监控与通信设施主要包括光强检测器、能见度检测器、CO 检测器、风速风向检测器、车辆检测器、闭路电视监控设施、紧急电话及有线广播、车道控制标志、信息处理设施以及监控软件等监视隧道运营状态、设备运转情况及控制相关设备运转的各种设施。

在进行机电设施养护前,养护管理部门应获取竣工系统图、安装图、技术说明书、电缆清册、软件备份等文件资料;设备制造厂提供的产品说明书、故障检测手册、合格证明和出厂试验报告等技术文件;检验报告和验收报告等,并结合具体工程情况、地区需求、道路服务水平做好机电设施养护方案。

1)养护任务和主要内容

(1)机电设施养护要求

①机电设施养护应根据产品说明书和有关技术规范要求,使各类设备技术状况满足正常运行标准。

②通风设备因隧道设计时采用的机具不同而种类较多,养护时应以主机或通风管道、排烟机、机房等为养护对象,相应的检测监控仪有CO及烟雾浓度测定仪、温度测定仪等。对这些仪器应定期保养,维修校正,使其保持正常运转。利用竖井、边窗通风的应清除井口杂物,保持井口和窗口不让雨雪灌入。

③在交通安全工程方面,洞内外标志、标线、灯箱、信号应保持完好,醒目明亮,定期检查或重新拆换,按时喷漆。

④隧道内移动通信终端通常信号较差,隧道通信电话应完好无损,随时可与监控中心保持联系。洞内电话亭的门应易于开启和关闭,亭内应有照明设备,便于使用。

(2)主要内容

机电设施的养护工作分为清洁维护、规定检查、保养检修、专项工程四个部分。

①清洁维护是指对隧道机电设施外观的日常清洁,以经常保持机电设施外观的干净整洁。

②规定检查的主要工作内容包括日常检查和应急检查。

日常检查是指在巡视车上或通过步行目测以及采用其他智能化手段对机电设施外观和运行状态进行的一般巡视检查,并对检查结果及时记录。高速公路隧道不应少于1次/日,其他各级公路宜按1～2次/周进行。

应急检查是指公路隧道内或相关机电设施发生异常事件、重大事故或自然灾害后对机电设施进行的检查,应急检查没有固定周期。

③保养检修主要工作内容包括经常性检修和定期检修。

经常性检修是指通过步行目测或使用简单工具,对设施仪表读数、运转状态或损伤情况进行的检查,对破损零部件应及时进行维修更换。

定期检修是指通过检测仪器对仪表进行的标定,和对连接及装配状态等机电设施运转情况和性能进行的较全面检查和维修。

④专项工程是指对机电设施进行小规模、集中性、系统性的维修升级,使其满足原有技术标准。专项工程没有固定周期,可根据设备运行状态启动。

(3)养护方法

机电设施养护应充分考虑通行车辆、养护人员的安全。养护应配备专门的电工工具、测试仪器、清洁工具、安全防护设备及高空作业设备。对配备的专用工具应定期检查,耐高压工具试验1次/半年,测试仪器校对1次/年,安全防护设备及高空作业设备检查1次/季度。

(4)结果记录

机电设施养护应准确记录各种设备的检查情况,建立专门的技术档案,及时填写检查记录。机电设施故障应准确记录,建立专门的技术档案,并填写故障记录表。机电设施故障应按月填报。机电设施针对隧道突发事件应有应急预案,并按预案定期进行联调联试。

2)养护手段

(1)清洁维护

机电设施应根据隧道规模、交通量大小及组成、污染对机电设施功能影响程度、清洁方式和环境条件等因素进行清洁维护。

由于机电设施的特殊性,采用人工作业或机械作业时应保证机电设施的完好。机电设施采用湿法清洁时,应注意保护人员安全和机电设施内部电气元件安全,防止污水渗入设施内腐蚀设备。采用干法清洁时,应采取必要的降尘措施,对于清扫不能去除的污垢,经判别可用湿法清洁时可用清洁剂进行局部特别处理。机电设施清洁维护应保持设备外观干净、整洁、无污垢,并保证机电设施完好。隧道机电设施清洁频率参见表 5.9。

公路隧道机电设施清洁维护频率 表 5.9

养护等级 清洁项目	一级	二级	三级
供配电设施	1 次/月	1 次/季度	1 次/半年
通风设施	1 次/3 年	1 次/4 年	1 次/5 年
监控与通信设施	1 次/季度	1 次/半年	1 次/年

隧道机电设施清洁设备参见表 5.10。

公路隧道机电设施清洁设备 表 5.10

设 施 名 称	设 备 名 称
供配电设施	配变电所内电力设备、外场配电箱、插座箱、控制箱
通风设施	轴流风机、射流风机
监控与通信设施	各类检测仪、闭路电视、有线广播、紧急电话、横通道门、交通控制和诱导设施、控制器(箱)、光端机、交换机等

(2)供配电设施

供配电设施养护应严格执行相关设备的检修规程和国家的有关规定。供配电设施养护人员应持有特殊工种上岗证书,并配备专门的电工检修工具。供电线路的养护应按电力部门的有关规定进行。

供配电设施日常检查内容为观察变压器、高低压配电柜及变配电室内相关设备的外观及一般运行状态,判断是否有外观、声响、发热、气味、放电等异常现象。

供配电设施经常性检修、定期检修依据《公路隧道养护技术规范》(JTG H12—2015)的规定进行。

当供电线路存在异常情况时应采取措施并及时通知有关部门。对于供配电设施需进行带电养护作业的项目,应使隧道内、变配电室及中心控制室相互协调,密切配合,并严格按电气操作规程的有关要求进行。

(3)通风设施

通风设施应按各种设备的操作规程和养护要求进行,并使主要性能指标,如风速、推力、功率、噪声及防护等级等符合产品说明书的要求。通风设施养护应配备专用电工工具和机修工具,必要时配备风压计、风速计、声级计等相关设备。通风设施量较小的隧道可以委托专门的测试单位进行测试。

通风设施的日常检查主要目的是通过易观察和感觉到的现象，及时发现并排除故障，故内容为观察设备运转有无异常，确定设备是否存在隐患。

通风设施的经常性检修、定期检修依据《公路隧道养护技术规范》(JTG H12—2015)的规定进行。

进行通风设施养护时，应根据隧道交通流量和通风能力，对交通进行必要的组织和限制，以保障行车、行人的安全与舒适。定期检修和专项工程一定要有熟悉该设备的养护人员或生产厂技术人员参加。在进行定期检修和专项工程后，应对隧道通风设施的效率进行全面的测试，通风设施经检修后应使其通风能力满足设计要求。

(4)监控与通信设施

监控与通信设施日常检查内容为巡检隧道内各种监测控制设备、情报板及信号标志、监控室的各类监视设备外观和主要功能并判断有无异常。

隧道监控设备的维护包括内容：检查 CO 浓度、烟雾透过率等环境检测装置及风机的控制性能与功能；检查照明系统及其控制功能；检查火灾报警装置性能和功能；检查车辆超高检测器和交通信号设备的工作状态；检查设备的防锈、线缆与插件的连接、螺栓的紧固等；检查广播和分区广播工作状态等。

监控与通信设施经常性检修、定期检修依据《公路隧道养护技术规范》(JTG H12—2015)的规定进行。

监控软件的维护系统是指对控制软件进行的全面运行检测，对保障运营安全、经济十分重要。高速公路长、特长隧道监控系统的软件维护应不少于每年 2 次，其余公路隧道监控系统的软件系统维护应不少于每年 1 次。维护时应注意软件的修改完善，并保证联动运行功能的实现和软件可靠性各项技术措施的落实，严格按操作规程或使用说明进行。

(5)机电设施技术状况评定

机电设施技术状况评定用于确定各类机电设施目前的运行状况，为针对性的保养检修提供对策和依据。

机电设施技术状况等级评定，宜采用机电设施各项目权重的综合评定方法，依据《公路隧道养护技术规范》(JTG H12—2015)的规定进行。机电设施各项目技术状况评定，应采用设备完好率进行考核，各种机电设施可分系统并按对运营安全的重要度建立设备完好率考核指标。

$$设备完好率=\left(1-\frac{设备故障台数\times故障天数}{设备总台数\times日历天数}\right)\times100\%$$

机电设施应按期进行技术状况评定，技术状况评定应不少于 1 次/年。机电设施各项目技术状况评定标度分为 1、2、3、4，详见表 5.11。

机电设施技术状况评定表 表 5.11

项目 \ 标度	1	2	3	4
供配电设施	设备完好率≥98%	95%≤设备完好率<98%	90%≤设备完好率<95%	设备完好率<90%

续上表

项目＼标度	1	2	3	4
照明设施	设备完好率≥95%	92%≤设备完好率<95%	87%≤设备完好率<92%	设备完好率<87%
通风设施	设备完好率≥98%	95%≤设备完好率<98%	90%≤设备完好率<95%	设备完好率<90%
消防设施	消防设备完好率100%	95%≤设备完好率<100%	90%≤设备完好率<95%	设备完好率<90%
监控与通信设施	设备完好率≥98%	95%≤设备完好率<98%	90%≤设备完好率<95%	设备完好率<90%

对于不同标度的机电设施，宜采用不同的养护措施，见表5.12。机电设施的关键设备故障时均应及时进行修复。

机电设施养护措施 表5.12

标　度	养护措施
1	运行状态正常，进行正常养护工作
2	运行状态基本正常，进行正常养护工作并对损坏设备及时修复
3	应加强日常检查，需进行专项工程养护工作
4	应加强日常检查并对隧道限制通行，应进行专项工程养护工作

5.6 照明设施的养护管理

照明设施包括灯具、托架、洞外路灯、照明线路等为隧道运营提供照明服务的设施。

公路隧道照明控制既要为通过隧道车辆提供良好的照明环境，满足安全行车的要求，又要达到节约能源、延长照明系统使用寿命、降低运营成本的目的。隧道照明亮度主要取决于行车速度、洞外的亮度和通行交通量，在照明设计过程中已经充分考虑了这些因素，隧道照明控制依据不同天气对亮度的工作需要，开启和关闭相应数量的照明灯具，使其既能满足安全行车的需要，又有利于节能。

隧道照明控制系统由光亮度检测器、隧道区域控制器、照明控制计算机、隧道照明灯具、照明配电柜、照明配电箱以及照明供电电缆等组成。隧道照明系统是一个多光源系统，通常的做法是将这些灯具分组分回路进行控制，洞内的亮度高低由开启灯具数量多少决定，不做单个灯具的调光控制。一般对隧道照明实施自动控制，控制方式有光控和时序控制两种。隧道照明系统由照明灯具、照明配电箱和供电线路组成，通过照明配电箱按不同回路进行控制。

1)养护要求

照明设备所使用的灯具要求防震、防尘、防潮，定期检查，保持明亮、干净；所有管线器材注意防潮、防鼠咬。

公路隧道照明设备养护主要内容：检查照明设备、照明线路；检查应急照明设备电路和电源；清扫和维护灯具；按《公路隧道养护技术规范》(JTG H12—2015)的规定进行。照明设施养护工具除必备的电工工具、高空作业车、清洁卫生用具外，应配备照度仪、亮度仪等相关设备。

车辆通过高速公路长大隧道时，白天和黑夜的视觉环境变化不同。另外，隧道内的环境相对恶劣，灯泡、反光器和透光罩等器件极易黏附烟尘和老化，使通光量迅速下降，隧道内灯具维护有特殊要求：必须确保隧道照明光源亮度应满足设计要求的维持亮度，亮度是灯具维护的一个重要指标；保养灯具和更换灯泡要在一定的高度下进行，在正常的交通条件下维护非常困难，封闭行车道又会造成严重的交通堵塞，要求维修工作必须在最短时间内完成。

2)清洁维护

照明设施清洁维护频率不应低于表5.13规定，清洁设备见表5.14。

公路隧道照明设施清洁维护频率 表5.13

养护等级 / 清洁项目	一级	二级	三级
照明设施	1次/季度	1次/半年	1次/年

公路隧道照明设施清洁设备 表5.14

设施名称	设备名称
照明设施	隧道灯具、洞外路灯

3)检查养护

照明设施日常检查内容为目测照明设施使用及损坏情况。照明设施经常性检修、定期检修依据《公路隧道养护技术规范》(JTG H12—2015)的规定进行。照明设施技术状况评定参照机电设施技术状况评定方法。

5.7 消防设施的养护管理

消防设施是指用于预防隧道火灾和进行必要救援的设施，包括火灾报警装置、灭火设施、电光标志、横通道等。

1)养护要求

消防设施的标志应保持完好、醒目。对消防设备，包括供水水源、洞顶消防池、洞内消防栓、灭火器，应保持齐备，定期检查和按时换新。洞外消防工具、用具、灭火沙袋等材料宜放置在固定的地方，必要时可及时调用。同时，每隔一段时间举行必要的消防演习，做到常备不懈。

2)清洁维护

消防设施清洁维护频率不应低于表5.15的规定，清洁设备见表5.16。

公路隧道消防设施清洁维护频率 表 5.15

清洁项目 \ 养护等级	一级	二级	三级
消防设施	1次/季度	1次/半年	1次/年

公路隧道消防设施清洁设备 表 5.16

设施名称	设备名称
消防设施	消火栓及水泵接合器、灭火器、火灾报警设施、水喷雾控制阀及喷头、气体灭火设施、电光标志等

3)检查养护

消防设施日常检查内容为巡视隧道内消防设备、报警设备、洞外消防设施的外观,判断有无异常并及时处理。

消防设施经常性检修、定期检修依据《公路隧道养护技术规范》(JTG H12—2015)的规定进行。在检修期间应有相应的防灾措施。消防设施技术状况评定参照机电设施技术状况评定方法。

第6章 交通工程及沿线设施养护管理

6.1 高速公路交通工程运营管理特点

交通工程及沿线设施是高速公路交通安全、管理、服务、环境保护等设施的总称，是高速公路的重要组成部分。其中，交通安全设施主要包括交通标志、交通标线、护栏、视线诱导设施、隔离栅和防落网、防眩等设施；管理设施主要包括监控、通信、收费、供配电等系统；服务设施包括服务区、停车区等服务场所。山区高速公路桥梁和隧道比例高，桥隧相连、坡陡弯急、连续长大纵坡路段多；由于特殊复杂的地形、地貌特点，存在着较多的特殊气候现象，常有着“一山分四季，十里不同天”的描述，例如：团雾、凝冻等特殊天气气候在不同路段时常发生，如图6.1、图6.2所示。基于以上山区高速公路的特点，与平原地区高速公路相比，山区高速公路交通工程及沿线设施主要有以下特点。

图6.1 山区特殊气候

图6.2 多雾易冻路段

(1)机电系统复杂。较高的桥隧比例、连续纵坡和特殊气候路段，是山区高速公路事故多发区域，这些路段应布设完善的监控系统，且隧道内机电系统内容多、数量大，使山区高速公路的机电系统相对复杂。

(2)交通安全设施数量大。为提高安全性，提醒驾驶员前方路况，在山区高速公路连续弯道路段、长大纵坡路段、隧道进出口、隧道内等路段均会设置完善的与安全相关的标志、标线及视线诱导设施，并在避险车道和高填方、桥梁路段设置满足要求的安全设施及防撞护栏。交通安全设施设置范围广、数量大，养护管理工作繁琐。

在高速公路运营中，交通工程及沿线设施应保持完整性、齐全和良好的工作状态，应满足道路使用者的各种功能要求。山区高速公路的以上特点，给运营管理工作提出了更高的要求。

6.2　交通安全设施的养护管理

6.2.1　交通标志

1)交通标志的设置

交通标志是使用图案、符号、形状和文字传递特定信息，用以服务和管理道路使用者，保障道路交通安全。交通标志可按作用、显示位置、光学特性等分类。如图 6.3 所示。

图 6.3　交通标志

交通标志按照作用进行分类可分为主标志和辅助标志，主标志主要包括警告标志、禁令标志、指示标志、指路标志、旅游区标志、作业区标志、告示标志等；辅助标志是附设在主标志下，对其进行辅助说明的标志。交通标志按显示位置分类可分为路侧和车行道上方两种，对应的支撑结构形式有柱式、路侧附着式、悬臂式、门架式、车行道上方附着式。按照光学特性分类可分为逆反射式、照明式和发光式三种，山区高速公路一般采用逆反射标志，即在标志板板面粘贴反光膜，在夜间汽车车灯光线的照射下，标志反光膜能够反射出一定的光线，从而达到交通标志在夜间的视认效果。按照设置的时效分类可分为永久性标志和临时性标志。按照传递信息的强制性程度分类可分为必须遵守标志和非必须遵守标志。

交通标志的尺寸、形状、图案、文字、颜色和设置地点均应按现行国家标准规范《道路交通标志和标线》(GB 5768—2009)执行。

交通标志主要由标志板和杆件结构构成。其中,标志板主要由薄钢板、铝板、铝合金板和合成树脂板等材料制作而成,其中较为常用的是铝合金板,合成树脂板主要用于小型标志板。标志杆件主要采用型钢材料制作,材料选用较多的有槽钢、钢管等。标志结构杆件采用钢材焊接加工而成,并进行防腐处理,一般采用热浸镀锌或镀锌后涂塑等防腐处理方法。基础采用现浇混凝土基础,配置适当钢筋。交通标志结构验算主要考虑自身荷载和风荷载,风荷载验算时基本风速应采用当地空旷平坦地面上离地 10m 高,重现期为 50 年 10min 平均最大风速值,并不得小于 22m/s。

交通标志安装时,应尽量减速标志面对驾驶员的眩光,安装角度宜根据现场的实际情况,结合道路平、纵曲线指标进行调整。路侧标志应尽量与道路中线垂直或成一定角度。其中,禁令和指示标志为 0°～45°;指路和警告标志为 0°～10°;门架、悬臂、车行道上方附着式标志的板面应垂直于道路行车方向,且板面宜倾斜 0°～15°。在对悬臂、门架型交通标志进行安装时,横梁杆件应特别注意预留出相应预拱度。

2)交通标志的检查

交通标志的检查分为日常巡视检查和定期检查。若遇风暴、暴雨等异常气候或洪水、塌方、地震等自然灾害及交通事故后,应进行临时检查。交通标志检查包括如下内容:

(1)交通标志是否被其他设施遮挡。

(2)标志板面、杆件是否有变形、损坏、污秽及防腐层脱落等情况。

(3)反光材料是否褪色、脱落,逆反射性能是否满足要求。

(4)基础及底座是否下沉或变形。

(5)连接件是否松动,焊接缝是否开裂。

除上述检查内容外,还应根据现场情况检查标志的设置位置、指示内容、与其他标志内容是否冲突、恰当等。

3)交通标志的养护

交通标志的养护应符合以下要求:

(1)应保持交通标志设置合理、结构安全,板面内容整洁、清晰。

(2)标志板、支柱、连接件、基础等标志部件应完整、无缺损且功能正常。

(3)标志应无明显歪斜、变形,钢构件无明显剥落、锈蚀。

(4)标志面应平整,无明显褪色、污损、起泡、起皱、裂纹、剥落等病害。

(5)标志的图案、字体、颜色等应符合相关标准要求。

(6)标志板面信息应根据路网、驾乘需求及时更新。

(7)反光交通标志应保持良好的夜间视认性。

6.2.2 交通标线的养护管理

1)交通标线的设置

交通标线是管理、引导道路参与者的重要设施,它主要由施画或安装于道路上的各种线条、箭头、文字、图案及立面标记、实体标记、突起路标和轮廓标等构成。交通标线可按功能、设置方式、形态、材料等分类,按照功能分类可分为指示标线、禁止标线、警告标线,按照设置方式分类可分为纵向标线、横向标线、其他标线,按照形态分类可分为线条、字符、突起路标、轮廓标,按照材料分类可分为溶剂型、水基型、热熔型、双组分、预成形标线带、辅助道钉等。

交通标线施画后应有鲜明、醒目、易于辨认的标识效果、具备优异的附着能力、出色的耐久性能、优良的夜间反光性能,且施工干结时间短暂,施工完成后抗滑性能优异等特点,在选择交通标线涂料时,应根据涂料性能和施工条件、环境、造价等因素进行综合比选后使用。

在山区高速公路中,因地形限制,曲线路段较多,高差大,桥隧比例高,使用纵向减速标线、横向减速标线、彩色防滑标线等交通标线较为频繁,为确保高速公路安全运营,在对交通标线进行养护管理时,应加强对上述交通标线检查、养护。

2)交通标线的检查

交通标线检查包括如下内容:

(1)交通标线是否具备良好的可视性,是否易于辨认,边缘是否整齐,线形是否顺畅、有无大面积脱落等。

(2)交通标线是否保持良好的夜间反光效果。

(3)尺寸、颜色是否符合相关规定。

(4)交通标线抗滑性能是否满足相关要求。

(5)带有凸起块的减速标线是否具备振荡效果。

(6)排水缝是否堵塞,排水是否流畅。

(7)突起路标是否脱落,粘贴是否牢固。

(8)突起路标反射面是否具备良好的反射效果。

除上述检查内容外,还应根据现场情况检查交通标线的设置位置、设置方式是否与其他设施冲突等。

3)交通标线的养护

交通标线的养护应符合下列要求:

(1)具有良好的可视性,边缘整齐、线形流畅,无大面积脱落。

(2)颜色、线形等应符合相关标准要求。

(3)反光标线应保持良好的夜间视认性。

(4)重新画设的标线应与旧标线基本重合,且具有较好的覆盖能力和附着能力。

(5)突起路标应无严重的缺损。

(6)破损的突起路标不应对车辆、人员等造成伤害。

(7)突起路标应无明显的褪色。

(8)突起路标的光度性能应保持其在夜间良好的视认性。

在对交通标线进行施工时,应合理组织工期,尽量减少对交通的干扰。同时,施工交通标线应严格控制施工温度,常温涂料施工温度在为4℃以上,加热型涂料施工温度应为50℃～80℃,热熔涂料施工温度应为180℃～230℃,气温低于4℃以及雨、雪、凝冻天气时严禁施工。

6.2.3 护栏的养护管理

护栏是设置于公路建筑限界以外路侧或中分分隔带内的一种纵向带状吸能结构,护栏通过自身的变形或者碰撞车辆的自重爬升吸收碰撞能量,从而降低驾乘人员的伤害程度。护栏按照纵向设置位置分类可分为路基护栏、桥梁护栏;按照横向设置位置分类可分为路侧护栏、中央分隔带护栏、中央分隔带开口护栏;按照碰撞后的变形程度位置进行分类可分为刚性护栏、半刚性护栏、柔性护栏。所有护栏应具有对碰撞车辆阻挡功能、缓冲功能和导向功能。

护栏标准段、护栏过渡段和中央分隔带开口护栏的防护等级按设计防护能量划分为八级,见表 6.1。

护栏标准段、护栏过渡段和中央分隔带开口护栏的防护等级 表 6.1

防护等级	一	二	三	四	五	六	七	八
代码	C	B	A	SB	SA	SS	HB	HA
设计防护能量(kJ)	40	70	160	280	400	520	640	760

护栏端头和防撞垫的防护等级按设计防护速度划分为三级,见表 6.2。

护栏端头和防撞垫的防护等级 表 6.2

防护等级	一	二	三
代码	TB	TA	TS
设计防护速度(km/h)	60	80	100

在山区高速公路中,较多使用刚性护栏和半刚性护栏。刚性护栏主要为钢筋混凝土护栏,用于横坡较陡、临崖临水、饮用水源区域、高填方、小半径曲线填方外侧等较危险路段;钢筋混凝土护栏通常使用现浇施工,全线钢筋混凝土护栏防护等级应一致。半刚性护栏主要为波形梁护栏,一般普通路段较常使用,波形梁护栏立柱通常采用打入式施工,在山区高速公路中,石材丰富,通常用作路基填筑材料,在波形梁护栏立柱进行施工时,通常应采用钻孔后,采用筑路材料回填后再打入护栏立柱;波形梁护栏所有构件均应进行防腐处理,较常使用热浸镀锌或镀锌后涂塑等防腐处理方法,图 6.4 所示为 SB 级波形梁护栏。刚性护栏与半刚性护栏过渡、不同护栏防护等级衔接时应设置护栏过渡段。

图 6.4 SB 级波形梁护栏

中央分隔带开口护栏是较特殊的护栏类型,除需要较强的防撞等级外,还应便于交警、路政、运营、养护等管理人员迅速开启,便于应急处置。

1)护栏的检查

护栏的检查包括如下内容:

(1)波形梁护栏的各部分构件是否损坏或变形,螺栓是否紧固。

(2)波形梁护栏表面是否干净整洁,防腐层是否脱落。

(3)波形梁护栏板搭接方向是否正确,线形是否顺畅。

(4)钢筋混凝土护栏表面是否光洁、平整,钢筋是否裸露。

(5)钢筋混凝土线形是否顺畅,线形无明显拐点。

(6)中分带开中护栏是否符合防撞要求,是否方便开启。

2)护栏的养护

护栏的养护应符合下列要求：

(1)波形梁钢护栏、中分带开口护栏

①保持波形梁钢护栏的结构合理、安全可靠。

②护栏板、立柱、柱帽、防阻块(托架)、坚固件等部件应完整、无缺损。

③护栏质量符合相关标准要求。

④护栏的防腐层应无明显脱落，护栏无锈蚀。

⑤护栏板搭接方向正确，螺栓坚固。

⑥护栏安装线形顺畅，无明显变形、扭转、倾斜。

⑦保证中分带开口护栏满足防撞和方便开启的要求。

(2)钢筋混凝土护栏

①保持水泥混凝土护栏线形顺畅、结构合理。

②钢筋混凝土护栏应无明显裂缝、掉角、破损等缺陷。

③钢筋混凝土护栏使用的水泥、砂、石、水、外加剂、钢筋等材料质量应符合相关标准、规范及设计要求。

④钢筋混凝土护栏的几何尺寸、地基强度、埋置深度，以及各块件之间、护栏与基础之间的连接应符合设计要求。

6.2.4　视线诱导设施的养护管理

1)视线诱导设施分类

视线诱导设施包括轮廓标、合流诱导标、线形诱导标和隧道轮廓带等设施。

轮廓标上具有逆反射片或反光材料，在夜间汽车车灯的照射下，显示出道路线形轮廓。轮廓标设置于高速公路行车方向左、右侧，对称设置。颜色为左黄右白。轮廓标可附着于波形梁护栏、构筑物上，无构筑物附着时，可采用柱式结构单独设置，轮廓标反射片高度应保持一致。

合流诱导标志属于警告标志，主要设置于交通流需汇合的位置。

线形诱导标属于指路标志，主要设置于曲线路段、视距不良路段，设置后显示出道路线形，如图6.5所示。

隧道轮廓带主要设置于长、特长隧道内，用于显示隧道轮廓，如图6.6所示。

图6.5　线形诱导标

图6.6　隧道轮廓带

合流诱导标志、线形诱导标、隧道轮廓带均属于标志范畴，检查与养护工作可参照交通标志执行。

2)轮廓标的检查

轮廓标的检查包括如下内容：

(1)反光片或反光材料是否完好。

(2)附着式轮廓标是否附着牢固、变形。

(3)轮廓标反射面方向是否正确。

(4)柱式轮廓标是否倾斜、松动。

(5)根据道路线形，轮廓标是否有缺失。

3)轮廓标的养护

轮廓标的养护应符合下列要求：

(1)轮廓标应进行表面清洗。

(2)轮廓标应无缺损。

(3)轮廓标应无明显的褪色。

(4)轮廓标的光度性能应保持其在夜间有良好的视认性。

6.2.5 隔离栅和防落网

1)隔离栅和防落网的设置

隔离栅是以道路交通安全为原则，阻止人、畜、物等非法进入高速公路用地区域的安全防护设施。隔离栅设置于高速公路沿线两侧，若遇水渠、池塘、湖泊等天然屏障，路侧高度大于1.5m的挡土墙或砌石等陡坎，以及桥梁、隧道等构造物路段，可不设置隔离栅。隔离栅形式常有焊接网、刺钢丝网、编织网、钢板网、隔离墙和常青绿篱等。一般在靠近城镇、人口稠密地区、旅游风景区、互通立交、停车区、服务区等可选用焊接网、编织网、钢板网隔离栅，其他地区可选用刺钢丝网隔离栅。

防落网是阻止落物、落石等进入高速公路用地区域或建筑限界内的安全防护设施，防落网包括防落物网和防落石网。防落物网主要设置于上跨高速公路的车行、人行桥梁两侧，以及高速公路上跨铁路、航道、交通流量较大的其他等级公路桥梁两侧。对于已设置声屏障的路段，可不设置防落物网。防落物网应作防雷接地处理，接地电阻应小于10Ω。防落物网按照网片形式可分为钢板网、编织网、电焊网、实体板等。防落网形式的选用，应综合考虑其强度、美观、造价、施工养护、与公路周边环境的协调等因素，如图6.7所示。防落石网主要设置于路堑边坡易落石于高速公路建筑限界内路段。防落石网可分为主动型防落石网和被动型防落石网，一般情况下设置被动型防落石网。当条件允许时，可结合边坡防护选择主动型防落石网，如图6.8所示。

2)隔离栅和防落网的检查

隔离栅和防落网的检查包括如下内容：

(1)整体结构是否完整，有无变形。

(2)构件防腐处理层是否脱落。

(3)构件立柱是否倾斜、松动。

(4)设置段落是否有缺失。

图 6.7　防落物网

图 6.8　被动型防落石网

3)隔离栅和防落网的养护

隔离栅和防落网的养护应符合下列要求：

(1)应保持隔离栅的完整无缺，功能正常。

(2)金属网片、立柱、斜撑、连接件、基础等部件无缺损。

(3)质量应符合相关标准要求。

(4)应无明显倾斜、变形，各部件稳固连接。

(5)防腐涂层应无明显脱落、锈蚀现象。

图 6.9　防眩板

6.2.6　防眩设施

防眩设施是指为防止在夜间行车对向车辆灯光对驾驶员造成的眩光，保障安全行车而在高速公路中央分隔带内安装的设施。防眩设施主要有防眩板、防眩网和植物防眩。一般路基段采用植物防眩，桥路段采用防眩板或防眩网，如图 6.9～图 6.11 所示。防眩设施应按部分遮光原理设计，直线路段遮光角不应小于 8°，平、竖曲线路段遮光角应为 8°～15°，山区高速公路宜取较大值。

图 6.10　防眩网

图 6.11　植物防眩

1)防眩设施的检查

防眩设施的检查包括如下内容:

(1)防眩板、防眩网整体结构是否完整,有无变形。

(2)构件防腐处理层是否脱落。

(3)防眩设施段落内有无眩光效果。

(4)设置段落是否有缺失。

2)防眩设施的养护

防眩设施的养护应符合下列要求:

(1)防眩板、防眩网等防眩设施应完整、清洁,具有良好的防眩效果。

(2)防眩设施应安装牢固,无缺损。

(3)防眩设施应无明显变形、褪色或锈蚀。

(4)防眩设施的质量应符合相关标准要求。

6.2.7 避险车道的养护管理

避险车道是在连续下坡路段,根据车辆的组成、坡度、坡长、平曲线要素和交通特征、气象及交通事故等因素,在货车连续制动失效风险较高的路段设置的专用车道,避险车道设置在行车道外侧,供制动失效车辆驶离、减速停车自救。避险车道及其预告标志如图 6.12、图 6.13 所示。

图 6.12 避险车道预告标志

图 6.13 避险车道及预告标志

避险车道的养护应符合下列要求:

(1)避险车道应配备相应交通标志、标线、诱导设施。

(2)避险车道排水设施应完备,避免制动床冻结和制动床基底的污染。

(3)避险车道制动床铺装材料应保持较高滚动助力系数,陷落度较好,不易板结和被雨水冲刷。

(4)避险车道端部消能设施应完备、有效。

6.2.8 其他交通安全设施

除以上交通安全设施外,应保持里程碑、百米桩、道口标柱、公路界碑、公路防撞桶、安全岛、声屏障、示警标柱、遮光棚、防风栅、防雪栅等交通安全设施的清洁完整,适时进行养护,确保使用功能正常。

6.3　公路机电系统的养护管理

6.3.1　山区高速公路机电系统的特点

高速公路机电系统主要包括监控系统、收费系统、通信系统和隧道机电系统。

监控系统主要负责视频、路况信息的采集和存储，为路段或路网运行监测、管理提供信息化手段及辅助决策分析，并为驾乘人员提供快速、安全、舒适、高效的保障。根据监控业务管理体制，高速公路监控系统一般按三级架构设置：省监控中心、路段监控中心、外场监控设备。也有部分地区由于路网密度高、管理难度大，监控系统按四级管理架构设置：省监控中心、区域监控中心、路段监控中心、外场监控设备。其中，省监控中心（区域监控中心）由计算机系统、视频监视控制设备、不间断电源系统等组成。监控中心计算机系统采用局域网结构，能接入视频、数据和语音信息，构成一个多媒体的信息平台，并具有较强的稳定性及一定安全灾备冗余。计算机系统中的监控软件平台是高速公路监控系统的核心，它采集外场设备检测到的信息，进行分析处理，生成相应的控制方案，通过外场的情报板等设备发布路况及交通诱导信息，并对历史监控数据进行挖掘分析为辅助决策提供支撑。由于山区高速公路桥梁、隧道、长大纵坡、小半径弯道、多雾雪凝特殊路段多，对行车安全影响较大，为确保对以上特殊路段交通事故的预防与及时处置，需要布设大量的外场监控设施，因此外场监控设施种类、数量多是山区高速公路监控系统的特点。

收费系统是高速公路运营管理单位用于通行费征收管理的信息化系统，收费系统一般采用三级管理架构：省联网收费中心、路段收费管理中心、收费站。省联网收费中心由计算机系统组成，主要负责对跨路段的车辆通行费的清算拆分，并将拆分的结果送给相应的路段收费管理中心，确保各业主单位通信费合理划分。路段收费管理中心也是由计算机系统组成，主要收集负责路段内收费站的收费数据的存储、管理、分析，确保收费业务的规范、减少偷逃通行费行为。收费站主要由车道设备及计算系统组成，车道设备采集的原始收费数据，通过计算机网络实时传送到收费站收费服务器，收费站按照一定管理原则对车道收费数据进行初步的归集管理。在收费系统中车道设施又可分为MTC（人工半自动收费车道）与ETC（不停车电子收费车道），由于山区高速公路收费站受到地形限制，车道数量相对较少，特别在车流量较大的路段为提高通行效率，一般在MTC车道入口端设置自动发卡设备，并设置有一入一出ETC车道或ETC/MTC混合车道。

通信系统是高速公路机电系统的重要支撑系统，它要准确及时的传输监控系统和收费系统的话音、数据和图像等信息数据，保持高速公路各管理部门之间业务建立联系。同时高速公路通信系统作为交通专用通信网的重要组成部分，是交通信息的主要传输载体，为各种网络服务及会议电视系统提供传输通道。目前，高速公路通系统主要采用基于SDH（同步数字传输系统）的MSTP（多业务传输平台），实现话音、数据和图像等多种信息业务网络在一套通信系统中传输。近年来，我国的高速公路发展非常迅速，高速公路网正在逐步形成。根据收费系统、监控系统架构特点及业务联网需求，通信系统分为干线通信网及路段接入网，前者负责实现省级管理中心与路段管理中心的通信传输，后者负责实现各路段管理中心与收费站、桥隧管理所(站)的通信传输。由于山区高速公路隧道群较多，为方便将各隧道机电系统连接，隧道机电设备间一般采用工业以太网技术进行组网，以确保有更大传输带宽用于上百路的监控信号传输，同时工业以太网的强保护及低延迟性确保了隧道发生事故时，消防、通风及救生设施的迅速启动。

6.3.2 山区高速公路机电系统养护管理特点

高速公路机电系统的养护管理是对机电系统运行维护过程的规划、组织、实施和控制，山区高速公路机电系统的养护管理工作主要有以下特点。

1)养护管理要求高

由于山区高速公路隧道、长大纵坡、小半径曲线等特殊路段的交通事故发生概率相对较高，市场运营商通信信号弱，收费车道数量相对较少等原因，一旦监控、收费、通信系统发生故障，将严重影响应急指挥和收费管理，不能及时修复和处置，从而造成人民生命财产损失和较大的社会影响。故三大系统需要经常维持在良好的使用状态，养护管理要求较高。

2)专业性强，养护难度大

高速公路机电系统涉及计算机、通信、电力、自动控制等不同专业技术，在以往机电养护工作中也常常出现有能力对收费系统维护维修的工作人员却不能对通信系统进行维护维修的情况。因此，机电系统的养护工作是需要具有相应专业技术的人员来实施，而管理人员也必须掌握一定技术才能更有效规划、组织、推动整个机电系统的养护管理工作。限于养护成本控制，业主单位的机电系统养护管理部门只能做到对部分故障设备进行简单更换修复工作，至于对较为专业的设备进行保养、维修及故障设备的修复只能交由专业产品商家进行。例如：业主单位可以做到对存在硬件故障的设备进行更换，但无法对故障设备本身进行修复；可以做到对工作站、服务器的业务软件进行重装，但无法对收费、监控软件的缺陷进行修复。因此，在日常养护工作中，业主单位养护人员一般只做到对系统设备功能性故障巡检及部分故障设备更换工作，对于专业性较强的各类业务软件、UPS、发电机、通信系统等设备的保养、维修一般委托产品供应商实施，业主单位的养护管理部门只需要做好对服务商的保养、维修管理，以确保达到养护目标。

3)需要多部门的联动合作

故障的及时发现是确保机电系统长期正常运行的重要前提，但仅靠养护部门定期巡检是不够的，更多故障问题反馈来自于运营部门(机电系统的使用部门)。同时，运营部门对养护工作后评价也是发现养护管理工作问题、提高养护管理水平重要手段。因此，制定一个与运营部门有联动的机电系统故障报修管理体制是必要的。在对外场系统设备进行保养、维修时，非特殊情况下不允许封闭高速公路。尤其是在中央隔离带、隧道内等外场工作时存在较大生产安全风险，因此需要与交警、路政部门联动做好安全保畅工作及相应的交通疏导预案。

6.3.3 机电系统的养护任务及内容

1)养护管理等级的划分

在联网收费、监控的环境下，收费、监控业务的不稳定运行会给社会、经济带来明显的负面影响。因此，根据收费、监控业务特点及重要程度可将三大系统划分不同的养护管理等级。其中，一级养护管理应做到故障响应时间不多于0.5h、故障修复时间不多于12h；二级养护管理故障响应时间不多于1h、故障修复时间不多于24h；三级养护管理故障响应时间不多于1h、故障修复时间不多于48h，见表6.3。

机电系统养护管理等级划分　　表6.3

养护管理对象		一级养护管理	二级养护管理	三级养护管理
收费系统	车道收费设备	*		
	站级收费计算机系统		*	
	路段收费管理中心		*	
	省联网收费中心	*		
监控系统	车道监控设备		*	
	外场监控设备	*		
	路段监控中心	*		
	省监控中心	*		
通信系统	主干通信光缆	*		
	支路通信光缆		*	
	传输网设备	*		
	语音电话网			*

2)机电系统日常维护项目

(1)监控系统：由于外场监控设备工业防护等级高，日常养护就以功能性巡检方式，周期一般为1次/月(对于车流量大路段可根据实际需求将巡检周期定为1次/15d)。站级、监控中心的设备主要以服务器、工作站为主，巡检采取除尘、功能巡检的方式。以下分别按中心、收费站、外场分类对建设设备日常养护内容及要求进行罗列，如表6.4、表6.5、表6.6所示。

中心监控设备日常养护项目　　表6.4

中心监控设备名称	维护内容		维护周期	维护要求
监控服务器	硬件	1.检查服务器、磁带机、磁盘阵列、工作站、打印机等设备，并做运行记录	1次/月	1.外观清洁，无粉尘污渍； 2.线缆，接插件接触良好，牢固可靠； 3.接地良好； 4.各软件运行功能正常
		2.测试计算机系统的性能	1次/月	
		3.检查路由器、网络交换机等设备	1次/月	
		4.检查线缆、接插件，保证接触良好	1次/月	
		5.进行计算机的保洁、除尘	1次/月	
		6.检测各种设备的浪涌保护器和接地装置	1次/月	
		7.清洁排风扇/滤网	1次/月	
		8.清洁板卡插槽	1次/月	

续上表

中心监控设备名称	维护内容		维护周期	维护要求
监控服务器	硬件	9.测量稳压电源输出电压	1次/月	1.外观清洁，无粉尘污渍； 2.线缆，接插件接触良好，牢固可靠； 3.接地良好； 4.各软件运行功能正常
		10.检查CPU/机箱风扇	1次/月	
		11.对损坏的易损部件和易耗品进行更换	及时	
	软件	1.及时安装系统软件补丁程序，做好版本升级工作	及时	
		2.数据库、中间件、操作系统软件运行状态的分析	1次/月	
		3.杀毒软件及时升级	及时	
		4.软件的维护、升级应满足管理和使用的需求，应用软件升级、功能扩充应符合有关规范的规定	1次/月	
交通控制计算机	硬件	1.检查服务器、磁带机、磁盘阵列、工作站、打印机等设备，并做运行记录	1次/月	1.外观清洁，无粉尘污渍； 2.线缆，接插件接触良好，牢固可靠； 3.接地良好； 4.各软件运行功能正常
		2.测试计算机系统的性能	1次/月	
		3.检查路由器、网络交换机等设备	1次/月	
		4.检查线缆、接插件，保证接触良好	1次/月	
		5.进行计算机的保洁、除尘	1次/月	
		6.检测各种设备的浪涌保护器和接地装置	1次/月	
		7.清洁排风扇/滤网	1次/月	
		8.清洁板卡插槽	1次/月	
		9.测量稳压电源输出电压	1次/月	
		10.检查CPU/机箱风扇	1次/月	
		11.对损坏的易损部件和易耗品进行更换	及时	
	软件	1.及时安装系统软件补丁程序，做好版本升级工作	1次/月	
		2.数据库、中间件、操作系统软件运行状态的分析	1次/月	
		3.杀毒软件及时升级	及时	
		4.软件的维护、升级应满足管理和使用的需求，应用软件升级、功能扩充应符合有关规范的规定	1次/月	
以太网交换机	1.清洁机柜		1次/月	1.表面清洁，无粉尘污渍； 2.风扇滤网清洁，无异物； 3.连接端子牢固可靠
	2.清洁风扇滤网		1次/月	
	3.检查连接端子		1次/月	
	4.对损坏的易损部件和易耗品进行更换		及时	
监控管理工作站	1.清洁表面		1次/月	1.表面清洁，无粉尘污渍； 2.风扇工作正常
	2.检查风扇		1次/月	
	3.对损坏的易损部件和易耗品进行更换		及时	
视频管理工作站	1.清洁表面		1次/月	1.表面清洁，无粉尘污渍； 2.风扇工作正常
	2.检查风扇		1次/月	
	3.对损坏的易损部件和易耗品进行更换		及时	

续上表

中心监控设备名称	维护内容	维护周期	维护要求
图形处理工作站	1.清洁表面	1次/月	1.表面清洁,无粉尘污渍; 2.风扇工作正常
	2.检查风扇	1次/月	
	3.对损坏的易损部件和易耗品进行更换	及时	
	4.检查调整亮度/对比度/色度/几何失真	1次/月	
投影机	1.清洁投影机镜头/过滤网	1次/月	1.投影机镜头清洁,无灰尘污渍; 2.过滤网清洁,无异物; 3.亮度合适
	2.检查调整亮度/对比度/色度/几何失真	1次/月	
硬盘录像机	1.清洁表面	1次/月	1.表面清洁,无粉尘污渍; 2.BNC接头接触良好,牢固可靠
	2.检查BNC接头	1次/月	
	3.环境安全检查	1次/月	
视频分配器	1.清洁表面	1次/月	1.表面清洁,无粉尘污渍; 2.线缆接头接触良好,牢固可靠
	2.检查线缆接头	1次/月	
	3.对损坏的易损部件和易耗品进行更换	及时	
视频切换控制器	1.清洁表面	1次/月	1.表面清洁,无粉尘污渍; 2.线缆接头接触良好,牢固可靠
	2.检查线缆接头	1次/月	
彩色监视器	1.擦拭表面	1次/月	1.屏幕及设备外观应保持清洁,无灰尘污渍; 2.BNC接头接触良好,牢固可靠; 3.图像清晰,无抖动
	2.检查BNC接头/电源线	1次/月	
	3.调整亮度/色度/对比度	1次/月	
	4.检查使用环境安全	1次/月	
UPS电源(带稳压功能)	1.清洁表面	1次/月	1.表面清洁,无粉尘污渍; 2.连接端子清洁,牢固可靠; 3.UPS电源技术指标和性能应符合技术要求; 4.冷却系统、信号保护系统和照明等应能正常工作
	2.检查/紧固连接端子	1次/月	
	3.测量/记录输入输出电压	1次/月	
	4.安全性检查	1次/月	
	5.对损坏的易损部件和易耗品进行更换	及时	

收费站监控设备日常保养项目　　表6.5

收费站监控设备名称	维护内容	维护周期	维护要求
亭内摄像机	1.清洁机身、镜头、防护罩	1次/月	1.图像解析度应不低于设计标准; 2.图像画面的灰度不应低于8级
	2.检查/调整图像质量	1次/月	
	3.检查图像清晰度	1次/月	
	4.检查使用环境安全	1次/月	
	5.对损坏的易损部件和易耗品进行更换	及时	

续上表

<table>
<tr><th>收费站监控设备名称</th><th colspan="2">维 护 内 容</th><th>维护周期</th><th>维 护 要 求</th></tr>
<tr><td rowspan="6">车道摄像机</td><td colspan="2">1. 清洁机身、镜头、防护罩</td><td>1 次/月</td><td rowspan="6">1. 图像解析度应不低于设计标准；
2. 图像画面的灰度不应低于 8 级；
3. 镜头的变焦时间不大于 7s</td></tr>
<tr><td colspan="2">2. 检查/调整图像质量</td><td>1 次/月</td></tr>
<tr><td colspan="2">3. 检查图像清晰度</td><td>1 次/月</td></tr>
<tr><td colspan="2">4. 紧固接线端子，紧固云台连接螺栓</td><td>1 次/月</td></tr>
<tr><td colspan="2">5. 检查使用环境安全</td><td>1 次/月</td></tr>
<tr><td colspan="2">6. 对损坏的易损部件和易耗品进行更换</td><td>及时</td></tr>
<tr><td rowspan="5">广场摄像机</td><td colspan="2">1. 观察广场摄像机立柱</td><td>1 次/月</td><td rowspan="5">1. 设备接地线连接牢固；
2. 摄像机云台水平转角不应低于设计标准；
3. 镜头的变焦时间不大于 7s；
4. 图像解析度不低于设计标准</td></tr>
<tr><td colspan="2">2. 测试摄像机的云台、镜头</td><td>1 次/月</td></tr>
<tr><td colspan="2">3. 检查/调整图像质量</td><td>1 次/月</td></tr>
<tr><td colspan="2">4. 测试摄像机的变焦时间</td><td>1 次/月</td></tr>
<tr><td colspan="2">5. 检测摄像机的功能</td><td>1 次/月</td></tr>
<tr><td rowspan="6">监视器</td><td colspan="2">1. 内部除尘，擦拭表面</td><td>1 次/月</td><td rowspan="6">1. 屏幕及设备外观应保持清洁，无灰尘污渍；
2. 图像清晰，无抖动；
3. 客观测试：信噪比≥40dB(非加权)</td></tr>
<tr><td colspan="2">2. 清洁机架，检查 BNC 接头/电源线</td><td>1 次/月</td></tr>
<tr><td colspan="2">3. 调整亮度/色度/对比度</td><td>1 次/月</td></tr>
<tr><td colspan="2">4. 检查使用环境安全</td><td>1 次/月</td></tr>
<tr><td colspan="2">5. 观察或用测试卡测试监视器画面的图像质量(解像度/灰度)</td><td>1 次/月</td></tr>
<tr><td colspan="2">6. 测试信噪比，不具备仪器客观测试条件时，采用人工(3 人以上)主观测试</td><td>1 次/月</td></tr>
<tr><td rowspan="2">字符叠加器</td><td colspan="2">1. 清洁表面</td><td>1 次/月</td><td rowspan="2">表面清洁，无粉尘污渍</td></tr>
<tr><td colspan="2">2. 性能测试</td><td>1 次/月</td></tr>
<tr><td rowspan="3">视频分配器</td><td colspan="2">1. 清洁表面</td><td>1 次/月</td><td rowspan="3">1. 表面清洁，无粉尘污渍；
2. 线缆接头接触良好，牢固可靠</td></tr>
<tr><td colspan="2">2. 检查线缆接头</td><td>1 次/月</td></tr>
<tr><td colspan="2">3. 对损坏的易损部件和易耗品进行更换</td><td>及时</td></tr>
<tr><td rowspan="9">管理服务器</td><td rowspan="9">硬件</td><td>1. 检查服务器、磁带机、磁盘阵列、工作站、打印机等设备，并做运行记录</td><td>1 次/月</td><td rowspan="9">1. 外观清洁，无粉尘污渍；
2. 线缆，接插件接触良好，牢固可靠；
3. 接地良好；
4. 各软件运行功能正常</td></tr>
<tr><td>2. 检查路由器、网络交换机等设备</td><td>1 次/月</td></tr>
<tr><td>3. 检查线缆、接插件，保证接触良好</td><td>1 次/月</td></tr>
<tr><td>4. 进行计算机的保洁、除尘</td><td>1 次/月</td></tr>
<tr><td>5. 检测各种设备的浪涌保护器和接地装置</td><td>1 次/月</td></tr>
<tr><td>6. 清洁排风扇/滤网</td><td>1 次/月</td></tr>
<tr><td>7. 清洁板卡插槽</td><td>1 次/月</td></tr>
<tr><td>8. 检查 CPU/机箱风扇</td><td>1 次/月</td></tr>
<tr><td>9. 对损坏的易损部件和易耗品进行更换</td><td>及时</td></tr>
</table>

续上表

收费站监控设备名称		维护内容	维护周期	维护要求
管理服务器	软件	1.及时安装系统软件补丁程序，做好版本升级工作	及时	1.外观清洁，无粉尘污渍； 2.线缆，接插件接触良好，牢固可靠； 3.接地良好； 4.各软件运行功能正常
		2.数据库、中间件、操作系统软件运行状态的分析	1次/月	
		3.杀毒软件及时升级	及时	
		4.软件的维护、升级应满足管理和使用的需求，应用软件升级、功能扩充应符合有关规范的规定	1次/月	

外场监控设备日常养护项目　　表6.6

外场监控设备名称	维护内容	维护周期	维护要求
可变情报板	1.清洁电路板灰尘	1次/月	1.可变情报板显示面板清洁，无粉尘污渍； 2.连接端子牢固可靠； 3.线缆、插头紧固，无松动、老化、断裂现象； 4.外场门架式、悬挂式信息显示设备的视认角不小于30°；其他显示设备不小于15°； 5.发光二极管在驱动电流20mA时发光强度不小于6 000cd/m²，视认距离满足过往车辆的需要； 6.接收控制命令，并应正确显示； 7.可在控制命令发送端观察到可变信息表值得复示信息； 8.自检功能正常
	2.检查门锁	1次/月	
	3.紧固接线端子	1次/月	
	4.检测软件运行状态	1次/月	
	5.检查使用环境安全	1次/月	
	6.对损坏的易损部件和易耗品进行更换	1次/月	
	7.定期检查显示屏的亮度，LED橡塑管有暗点，影响设备显示时应及时更换	1次/月	
	8.定期检查设备外壳是否有破损，内部是否有积水和灰尘	1次/月	
	9.定期检查设备的线缆、插头等是否松动、老化、断裂等情况	1次/月	
可变限速标志	1.清洁电路板灰尘	1次/月	1.可变情报板显示面板清洁，无粉尘污渍； 2.连接端子牢固可靠； 3.线缆、插头紧固，无松动、老化、断裂现象； 4.外场门架式、悬挂式信息显示设备的视认角不小于30°，其他显示设备不小于15°； 5.发光二极管在驱动电流20mA时发光强度不小于6 000cd/m²，视认距离满足过往车辆的需要； 6.接收控制命令，并应正确显示； 7.可在控制命令发送端观察到可变信息表值的复示信息； 8.自检功能正常
	2.检查门锁	1次/月	
	3.紧固接线端子	1次/月	
	4.检测软件运行状态	1次/月	
	5.检查使用环境安全	1次/月	
	6.对损坏的易损部件和易耗品进行更换	及时	
	7.定期检查显示屏的亮度，LED橡塑管有暗点，影响设备显示时应及时更换	1次/月	
	8.定期检查设备外壳是否有破损，内部是否有积水和灰尘	1次/月	
	9.定期检查设备的线缆、插头等是否松动、老化、断裂等情况	1次/月	

(2)收费系统:日常养护主要以设备除尘、功能性检测为主,巡检方式主要为现场巡检,周期一般为1次/月(对于车流量大的收费站可根据实际需求将巡检周期定为1次/15d)。以下分别按收费车道、收费站对收费系统设备日常养护内容及要求进行罗列,如表6.7、表6.8所示。

收费车道日常养护项目 表6.7

车道收费设备名称	维护内容	维护周期	维护要求
工控机	1.清洁滤网	1次/月	1.滤网、导水槽清洁,无异物; 2.工控机能独立运行,并能对检测器工作状态进行自动控制; 3.工控机应及时、准确将收集、分析及储存收费车道的有关数据并上传给收费站计算机设备
	2.清洁导水槽	1次/月	
	3.功能检查	1次/月	
	4.安全性检查	1次/月	
	5.对损坏的易损部件和易耗品进行更换	及时	
收费员终端	1.擦拭表面	1次/月	1.屏幕及外观保持清洁,无灰尘污渍; 2.显示器应保持显示清晰、亮度适当、视角合理
	2.检查BNC接头/电源线	1次/月	
	3.调整亮度/色度/对比度	1次/月	
	4.检查使用环境安全	1次/月	
	5.对损坏的易损部件和易耗品进行更换	及时	
收费键盘	清洁键盘	1次/月	1.键盘表面清洁,无粉尘污渍; 2.防水、防尘、防干扰措施应齐全
电动栏杆机(含ETC快速栏杆机)	1.清洁内部/表面	1次/月	1.表面清洁,无粉尘污渍; 2.导线连接牢固可靠; 3.电动栏杆起落应正常,运行中无异响; 4.反光膜应清晰; 5.栏杆外壳应无锈蚀,防护应符合《外壳防护等级(IP代码)》(GB 4208—2008)的有关规定
	2.检查导线连接	1次/月	
	3.检视缓冲橡皮磨损情况	1次/月	
	4.紧固/润滑传动机构	1次/月	
	5.调整栏杆静止位置	1次/月	
	6.检查运行状态	1次/月	
	7.安全性检查	1次/月	
	8.对损坏的易损部件和易耗品进行更换	及时	
费额显示器	1.清洁费额显示器其显示面板	1次/月	1.费额显示器清洁,无粉尘污渍; 2.费额显示器显示内容正确,清晰; 3.线缆接头接触良好,牢固可靠; 4.发光亮度应满足≥3 000cd/m²
	2.检查线缆接头	1次/月	
票据打印机	1.清洁内部/表面	1次/月	1.表面清洁,无粉尘污渍; 2.传动机构灵敏; 3.打印头干净,无异物
	2.清洁/润滑传动机构	1次/月	
	3.清洁打印头	1次/月	
	4.及时更换色带	及时	

续上表

车道收费设备名称	维护内容	维护周期	维护要求
非接触式IC卡读写器	1.清洁表面	1次/月	1.表面清洁,无粉尘污渍; 2.IC卡读写器等桌面设备的防水、防尘、防干扰措施应齐全; 3.线缆接头接触良好,牢固可靠
	2.检查线缆连接	1次/月	
	3.对损坏的易损部件和易耗品进行更换	及时	
黄闪报警器	1.清洁表面	1次/月	1.表面清洁,无粉尘污渍; 2.灯泡工作正常; 3.螺钉/螺母紧固,无松动
	2.检查灯泡	1次/月	
	3.安全性检查	1次/月	
	4.对损坏的易损部件和易耗品进行更换	及时	
通行信号灯	1.内部/表面清洁	1次/月	1.内部/表面清洁,无粉尘污渍; 2.通行信号灯显示正常、清晰可辨
	2.检查光纤灯泡/像素管	1次/月	
雾灯	1.清洁设备内部/表面	1次/月	1.雾灯表面清洁,无粉尘污渍; 2.及时更换老化的,不可靠的电源线; 3.灯泡/像素管工作正常; 4.雾灯的开关控制应正常,亮度应满足使用要求
	2.检查/加强防水性能	1次/月	
	3.检查像素管、光纤灯泡	1次/月	
	4.检查使用环境安全	1次/月	
	5.对损坏的易损部件和易耗品进行更换	及时	
脚踏报警器	1.清洁表面	1次/月	1.表面清洁,无粉尘污渍; 2.报警器的声音应保持清晰、洪亮
	2.检查灯泡	1次/月	
以太网交换机	1.清洁机柜	1次/月	1.表面清洁,无粉尘污渍; 2.滤网清洁,无异物; 3.连接端子牢固可靠
	2.清洁风扇滤网	1次/月	
	3.检查连接端子	1次/月	
	4.对损坏的易损部件和易耗品进行更换	1次/月	
数据光端机	1.清洁表面	1次/月	1.表面清洁,无粉尘污渍; 2.线缆接头接触良好,牢固可靠
	2.清洁风扇滤网	1次/月	
	3.检查连接端子	1次/月	
	4.对损坏的易损部件和易耗品进行更换	及时	
计重设备	1.清洁表面	1次/月	1.表面清洁,无粉尘污渍; 2.线缆接头接触良好,牢固可靠
	2.检查线缆接头	1次/月	
自助刷卡设备	1.清洁表面	1次/月	1.表面清洁,无粉尘污渍; 2.及时更换已损坏的部件; 3.调试正常
	2.检查测试判断故障、更换部件	1次/月	
	3.调试	1次/月	
设备柜	清洁表面	1次/月	表面清洁,无粉尘污渍

站级收费设备日常养护项目　　表 6.8

站级收费设备名称	维护内容		维护周期	维护要求
收费管理服务器	硬件	1.检查服务器、磁盘阵列设备,并做运行记录	1次/月	1.管理服务器外观清洁,无粉尘污渍; 2.线缆、接插件接触良好,牢固可靠; 3.接地良好; 4.各软件运行功能正常
		2.测试计算机系统的性能	1次/月	
		3.检查线缆、接插件,保证接触良好	1次/月	
		4.进行计算机的保洁、除尘	1次/月	
		5.检测各种设备的浪涌保护器和接地装置	1次/月	
		6.清洁排风扇/滤网	1次/月	
		7.清洁板卡插槽	1次/月	
		8.检查CPU/机箱风扇	1次/月	
		9.对损坏的易损部件和易耗品进行更换	及时	
	软件	1.及时安装系统软件补丁程序,做好版本升级工作	及时	
		2.数据库、中间件、操作系统软件运行状态的分析	1次/月	
		3.杀毒软件及时升级	及时	
		4.软件的维护、升级应满足管理和使用的需求,应用软件升级、功能扩充应符合有关规范的规定	1次/月	
收费管理工作站	1.清洁表面		1次/月	1.表面清洁,无粉尘污渍; 2.风扇工作正常
	2.检查风扇		1次/月	
	3.对损坏的易损部件和易耗品进行更换		及时	
财务管理工作站	1.清洁表面		1次/月	1.表面清洁,无粉尘污渍; 2.风扇工作正常
	2.检查风扇		1次/月	
	3.对损坏的易损部件和易耗品进行更换		及时	
以太网交换机	1.清洁机柜		1次/月	1.表面清洁,无粉尘污渍; 2.风扇滤网清洁,无异物; 3.连接端子牢固可靠
	2.清洁风扇滤网		1次/月	
	3.检查连接端子		1次/月	
	4.对损坏的易损部件和易耗品进行更换		及时	
硬盘录像机	清洁表面,除尘		1次/月	表面清洁,无粉尘污渍
光调制解调器	1.清洁表面		1次/月	1.表面清洁,无粉尘污渍; 2.线缆接头接触良好,牢固可靠
	2.检查线缆接头		1次/月	
光纤收发器	1.清洁表面		1次/月	1.表面清洁,无粉尘污渍; 2.线缆接头接触良好,牢固可靠
	2.检查线缆接头		1次/月	
	3.对损坏的易损部件和易耗品进行更换		及时	
监视器	1.擦拭表面		1次/月	1.屏幕及设备外观应保持清洁,无灰尘污渍; 2.BNC接头接触良好,牢固可靠; 3.图像清晰,无抖动
	2.检查BNC接头/电源线		1次/月	
	3.调整亮度/色度/对比度		1次/月	
	4.检查使用环境安全		1次/月	

续上表

站级收费设备名称	维护内容	维护周期	维护要求
电视墙	1.清洁表面	1次/月	1.屏幕保持清洁； 2.图像清晰，无抖动
	2.检查显示状态	1次/月	
视频切换控制器	1.清洁表面	1次/月	1.表面清洁，无粉尘污渍 2.线缆接头接触良好
	2.检查线缆接头	1次/月	
UPS电源	1.清洁表面	1次/月	1.表面清洁，无粉尘污渍； 2.连接端子清洁，牢固可靠； 3.UPS电源技术指标和性能应符合技术要求； 4.冷却系统、信号保护系统和照明等应能正常工作
	2.检查/紧固连接端子	1次/月	
	3.测量/记录输入输出电压	1次/月	
	4.安全性检查	1次/月	
	5.对损坏的易损部件和易耗品进行更换	及时	
稳压电源	1.清洁内部/表面	1次/月	1.表面清洁，无粉尘污渍； 2.连接端子清洁，牢固可靠； 3.输入电压变化范围应能满足使用要求（无此项规定者，按220/380V±20%计），输出电压精度为不大于220/380V±5%； 4.交流稳压电源的稳压时间应不大于1.5s； 5.对地绝缘电阻不小于30Ω
	2.测量/记录输入输出电压值	1次/月	
	3.紧固接线端子	1次/月	
	4.安全性检查	1次/月	
	5.对损坏的易损部件和易耗品进行更换	及时	

(3)通信系统：日常养护主要以设备除尘、网管系统故障检测为主，巡检方式主要为现场巡检，周期一般为1次/月。由于网管系统可实施监控各站点ONU运行状态，故障巡检的主要内容在路段中心的通信网管工作站上进行，如表6.9所示。

通信系统设备日常养护项目　　表6.9

通信系统设备名称	维护内容	维护周期	维护要求
ADM传输设备	1.清洁机柜	1次/月	1.表面清洁，无粉尘污渍； 2.风扇滤网清洁，无异物； 3.连接端子牢固可靠； 4.设备单板指示灯正常
	2.清洁风扇滤网	1次/月	
	3.检查连接端子	1次/月	
接入设备ONU	1.清洁表面	1次/月	1.表面清洁，无粉尘污渍； 2.接线端子牢固可靠； 3.设备无声光告警，单板指示灯正常
	2.检查/紧固接线端子	1次/月	
程控交换机	1.清洁表面	1次/月	1.表面清洁，无粉尘污渍； 2.线缆接头接触良好，牢固可靠
	2.检查线缆接头	1次/月	
	3.对损坏的易损部件和易耗品进行更换	及时	

续上表

<table>
<tr><th>通信系统设备名称</th><th colspan="2">维 护 内 容</th><th>维护周期</th><th>维 护 要 求</th></tr>
<tr><td rowspan="13">网管工作站</td><td rowspan="9">硬件</td><td>1.测试计算机系统的性能</td><td>1次/月</td><td rowspan="13">1.外观清洁,无粉尘污渍;
2.线缆、接插件接触良好,牢固可靠;
3.接地良好;
4.各软件运行功能正常</td></tr>
<tr><td>2.检查线缆、接插件,保证接触良好</td><td>1次/月</td></tr>
<tr><td>3.进行计算机的保洁、除尘</td><td>1次/月</td></tr>
<tr><td>4.检测各种设备的浪涌保护器和接地装置</td><td>1次/月</td></tr>
<tr><td>5.清洁排风扇/滤网</td><td>1次/月</td></tr>
<tr><td>6.清洁板卡插槽</td><td>1次/月</td></tr>
<tr><td>7.测量稳压电源输出电压</td><td>1次/月</td></tr>
<tr><td>8.检查CPU/机箱风扇</td><td>1次/月</td></tr>
<tr><td>9.对损坏的易损部件和易耗品进行更换</td><td>及时</td></tr>
<tr><td rowspan="4">软件</td><td>1.及时安装系统软件补丁程序</td><td>及时</td></tr>
<tr><td>2.数据库、操作系统软件运行状态的分析</td><td>1次/月</td></tr>
<tr><td>3.杀毒软件及时升级</td><td>及时</td></tr>
<tr><td>4.软件的维护、升级应满足管理和使用的需求,应用软件升级、功能扩充应符合有关规范的规定</td><td>1次/月</td></tr>
<tr><td rowspan="4">光端机</td><td colspan="2">1.清洁表面</td><td>1次/月</td><td rowspan="4">1.表面清洁,无粉尘污渍;
2.线缆接头接触良好,牢固可靠</td></tr>
<tr><td colspan="2">2.检查线缆接头</td><td>1次/月</td></tr>
<tr><td colspan="2">3.测量外置稳压电源</td><td>1次/月</td></tr>
<tr><td colspan="2">4.对损坏的易损部件和易耗品进行更换</td><td>及时</td></tr>
<tr><td rowspan="3">以太网交换机</td><td colspan="2">1.清洁机柜</td><td>1次/月</td><td rowspan="3">1.表面清洁,无粉尘污渍;
2.风扇滤网清洁,无粉尘污渍;
3.连接端子牢固可靠</td></tr>
<tr><td colspan="2">2.清洁风扇滤网</td><td>1次/月</td></tr>
<tr><td colspan="2">3.检查连接端子</td><td>1次/月</td></tr>
<tr><td rowspan="7">通信电源</td><td colspan="2">1.观察直流模块工作状态</td><td>1次/月</td><td rowspan="7">1.直流模块工作正常;
2.系统工作指示灯灯正常;
3.风扇系统工作正常;
4.蓄电池外观无破损,电池温度正常范围之内;
5.交/直流切换正常;
6.表面清洁,无粉尘污渍;
7.电缆接头接触良好,牢固可靠</td></tr>
<tr><td colspan="2">2.观察系统工作指示灯及防雷指示灯状态</td><td>1次/月</td></tr>
<tr><td colspan="2">3.观察系统的工作和报警记录</td><td>1次/月</td></tr>
<tr><td colspan="2">4.观察风扇系统的工作状态</td><td>1次/月</td></tr>
<tr><td colspan="2">5.检查和测量蓄电池外观及电池温度</td><td>1次/月</td></tr>
<tr><td colspan="2">6.设备除尘</td><td>1次/月</td></tr>
<tr><td colspan="2">7.检查电缆接头(蓄电池端头)</td><td>1次/月</td></tr>
</table>

3)机电系统日常维护考核

通过机电系统日常养护考核可以促进养护管理工作有效性进行,考核可以从巡检基础工作、设备完好率、内业管理、机房及备件管理等方面来考虑制定。其中,巡检基础工作主要是指日常巡检内容是否按日常养护项目进行，而设备完好率等养护指标可反应日常养护工作是否有效。考核工作可由养护管理部门及运营管理部门共同实施，以确保结果客观、公正，如表6.10所示。

机电系统日常养护考核表　　表6.10

序号	考核内容	满分	检查方法	评分标准	考核得分
一、基础工作情况考核(35分)					
1	巡检工作开展情况	10	检查巡检表	少1次扣2分，少1个巡检项目扣2分	
2	维护工作计划执行情况	10	检查每月维护计划、工作日程安排	未有维护计划的扣5分；未按计划执行的1次扣2分	
3	维修资料是否齐全、准确、规范	5	检查各类维护表格	表格不齐全的1份表格扣2分，保养回单无收费站签字的1次扣1分	
4	重大故障排查报告	5	检查报告	没有及时上报的1次扣3分	
5	片区外包维护工程质量的监督和指导	5	检查质量回馈单	出现人为疏忽造成大的事故1次扣5分，评分标准可根据实际发生情况进行调整	
二、维护保养指标考核(20分)					
6	设备完好率	10	属于一级响应的收费系统设备完好数量÷属于一级响应的收费系统报修数量×100%	98%以上不扣分，95%～98%扣2分，90%～95%扣5分，90%以下此项不得分	
7	网络畅通率	10	(1－通信网络中断天数÷365d)×100%	98%以上不扣分，95%～98%扣2分，90%～95%扣5分，90%以下此项不得分	
三、月报管理考核(共15分)					
8	月报完成情况	10	检查月报	每月5号前上交前一个月的月报，未按时上交的1次扣2分，遗漏或未交月报的1次扣5分	
9	月报准确情况	5	数据统计应准确，反映真实情况	基础数据统计不准确，不能反映真实情况的1次扣2分	
四、机房、库房和设备管理制度考核(15分)					
10	备品备件的管理情况	5	检查库房及登记资料	无库房资料扣5分；库房资料不完备扣3分；出入库手续未完善的1次扣2分；实物与记录不相符的扣3分	
11	机房干净整洁，无明显灰尘，所有机房空调是否按规定使用出入通信机房人员和时间是否有记录	5	检查机房、室内温度和人员出入记录	每站不符合规定的1个扣1分，所有机房有明显灰尘的此项不得分	

续上表

序号	考核内容	满分	检查方法	评分标准	考核得分
12	是否发生设备人为损坏或丢失	5	随机查访	发生设备人为损坏1次扣2分;设备丢失1次扣3分	
五、文档管理考核(5分)					
13	相关技术资料是否完备	5	检查相关登记和实物	技术资料不完备的扣2分,技术资料因工区原因丢失的扣5分	
14	防灾工作	10	1.春季防雷(保持室内干燥,湿度不超过80%); 2.夏季防潮; 3.秋季防火(严禁烟火、保证无短路现象); 4.冬季防冻(保持室内温度不低于22℃)	防灾工作不符合要求扣3分,未做防灾工作扣10分	

6.4 山区高速公路服务设施的养护管理要点

高速公路对行车是一个封闭的环境,服务设施是为驾乘人员提供停车、如厕、加油、加水、避灾、购物等应急需求的主要场所。服务设施养护管理及服务质量的好坏,直接决定公众的需求是否得到满足,影响公众对交通行业的整体形象,甚至影响着运营安全。随着社会对文明服务提出了更高的要求,服务设施的管理日趋重要。高速公路服务设施主要是服务区和停车区,在服务区、停车区的养护和运营管理中,需要注意以下几个方面的问题:

(1)维护好服务区、停车区标识系统,保证区内标志标牌完好,方便车辆和行人辨识路径。

(2)确保停车区域的分区合理,停车标线清晰,区域内整洁干净。

(3)经常清扫公共厕所,确保厕所卫生、清洁、地面无积水、无异味。

(4)保证维修点和加水点的正常使用。

(5)加强区域内绿化维护工作,及时更换病、伤植物。

第7章 养护施工交通保畅

7.1 基本要求

养护施工作业一般在不中断交通的条件下实施，维修点多、线长、单点工作量较小、行车对施工作业干扰大，施工作业效率低，可施工的有效时间短，施工安全风险系数高。特别是长假期间，交通量大，为保持畅通，施工大多不能作业，处于停工保畅状态，造成同一工地多次进出场。养护施工期间，对养护路段的行车安全和保畅会造成一定影响，既要搞好养护施工作业，又要保持公路畅通和行车安全，是养护管理人员需要高度重视的工作。养护施工中主要有以下要求：

(1)养护工程施工需严格按照《公路安全保护条例》和高速公路管理部门的规定办理相关手续，在取得高速公路路政管理及高速公路交警许可后，方可进行养护工程施工。施工期间，在施工路段两端设置施工告示牌，将该养护工程的业主、设计、施工及监理单位负责人及其联系电话、施工工期等信息公布。

(2)养护、维修、检测及其设施的人员上路作业前，需穿着统一的安全标志服，戴安全标志帽。进入公路养护、维修施工作业时必须遵守有关规定，并服从路政、交警的指挥，不得随意穿越车道。作业过程中，严格按规程有序操作，杜绝一切危及行车安全的行为，并随时注意自我人身安全。

(3)养护施工作业前，必须对有关工程车辆进行系统检查，确保无安全行车隐患。同时，工程车辆须持有路政、交警部门核发的施工作业许可证。作业过程中车身要有明显标志，车后要悬挂警告标志，车顶要打开黄色警示灯，驾驶员须持有效证件。未按规定配备标志的工程车辆，一律不准进入桥面施工区域。

7.2 交通组织

在养护施工期间，要合理布置施工区域，并设计提示警示标志，成立交通保畅机构，组织好交通疏导和协调工作。

1)区域布置及注意事项

施工期间，在存在多路径选择的条件下，尽可能采取分流措施，减少因道路施工造成的拥堵。在车辆进入分流点前的路段设置提示牌，告知道路使用者选择畅通路径行驶。

在不具备实施分流的路段施工时，施工作业的交通控制，应严格按照《中华人民共和国道路交通安全法》和《公路养护安全作业规程》(JTG H30—2004)的规定和要求设置标志，施工作业控制区由警告区、上游过渡区、缓冲区、作业区、下游过渡区及终止区组成，其布置如下：

(1)警告区：警告区长度大于1 500m。警告区内每一定距离设置有关警告标志，第一个警告标志到下一个警告标志的间距大于300m，最后一个标志离上游过渡区的第一个渠道设置间距大于150m，其余各标志间距在100～300m之间。

(2)过渡区：过渡区分上游过渡区和下游过渡区。当车辆行驶至上游过渡区时，车速应小40km/h，该区长度为65～100m。在上游过渡区前设置禁止驶入标志，在上游过渡区内设置作业标志车，车尾朝向车流方向，车尾挂有导向性标志和限速牌；车身安装黄色频闪灯和防撞装置，上游过渡区的长度应大于30m。

(3)缓冲区：缓冲区的长度为80m，与上游过渡区之间设置路障。

(4)作业区：作业区是作业人员活动和工作的地方，其长度根据施工作业需要规定。

(5)终止区：终止区的长度大于30m，在终止区的末端，解除所设的限制标志。

在施工区域，现场工作人员要穿着橘红色反光标志服，严禁穿越施工安全作业区，确保车辆、施工人员的生命安全。要配备称职的专职安全员，管制现场两端需设固定安全管理人员，并在中段安排数名流动安全管理人员，及时巡查各类安全设施的完好情况，发现歪、倒、移位的安全锥、标示牌要及时扶正归位，破坏的要及时更换，出现交通事故应及时上报。

施工路段交通组织示意图如图7.1所示。

2)交通保畅工作组织

养护施工段交通保畅疏导的领导和指挥工作一般以高速公路交警为主导，高速公路路政部门配合，以施工单位为主体，运营管理单位主要发挥协调作用。各方要充分利用既有人员、设备等进行有效整合，保障施工路段道路交通事故的快速处置。建立信息服务平台，实现信息资源共享，为科学决策提供准确依据。施工单位要服从交警、路政等管理部门对施工路段交通管制的安排和调度。

(1)成立交通保畅工作组

由高速公路交警部门牵头，高速公路路政参与，项目经理部负责现场安全措施的落实。建立专职安全员和分包安全员制度，保证道路安全畅通。

(2)交通事故及拥堵处置措施

当施工路段出现交通事故及拥堵情况后，要及时与交警、路政等有关部门联系，快速疏导交通，具体措施如下：

①现场指挥。

当施工段落出现交通事故后应立即向高速公路交警及路政等单位汇报，并告知现场维护组的其他人员，配合高速公路交警、路政人员疏导车辆继续行驶或从就近的出口下高速，通过其他道路绕行。

②事故救援。

事故救援车辆可停放在施工路段前方，遇到车辆发生故障能迅速将事故车辆拖离事故区域，恢复正常通行。

③车辆的分流。

施工预告标志适用范围：
1.路面翻修；
2.伸缩缝维修；
3.桥梁更换桥板、桥面铺装等；
4.占道施工时间超过2d以上的所有维修作业
中央分隔带
警告区S=1 600m
400m
800m
上游过渡区 L_s=90m
缓冲区 H=50m
终止区 Z=30m
下游过渡区 L_x=30m
工作区
警告区S=1 000m
前方施工
1.5km
800m
向左改道
向右改道
左道封闭
解除限速
60
40

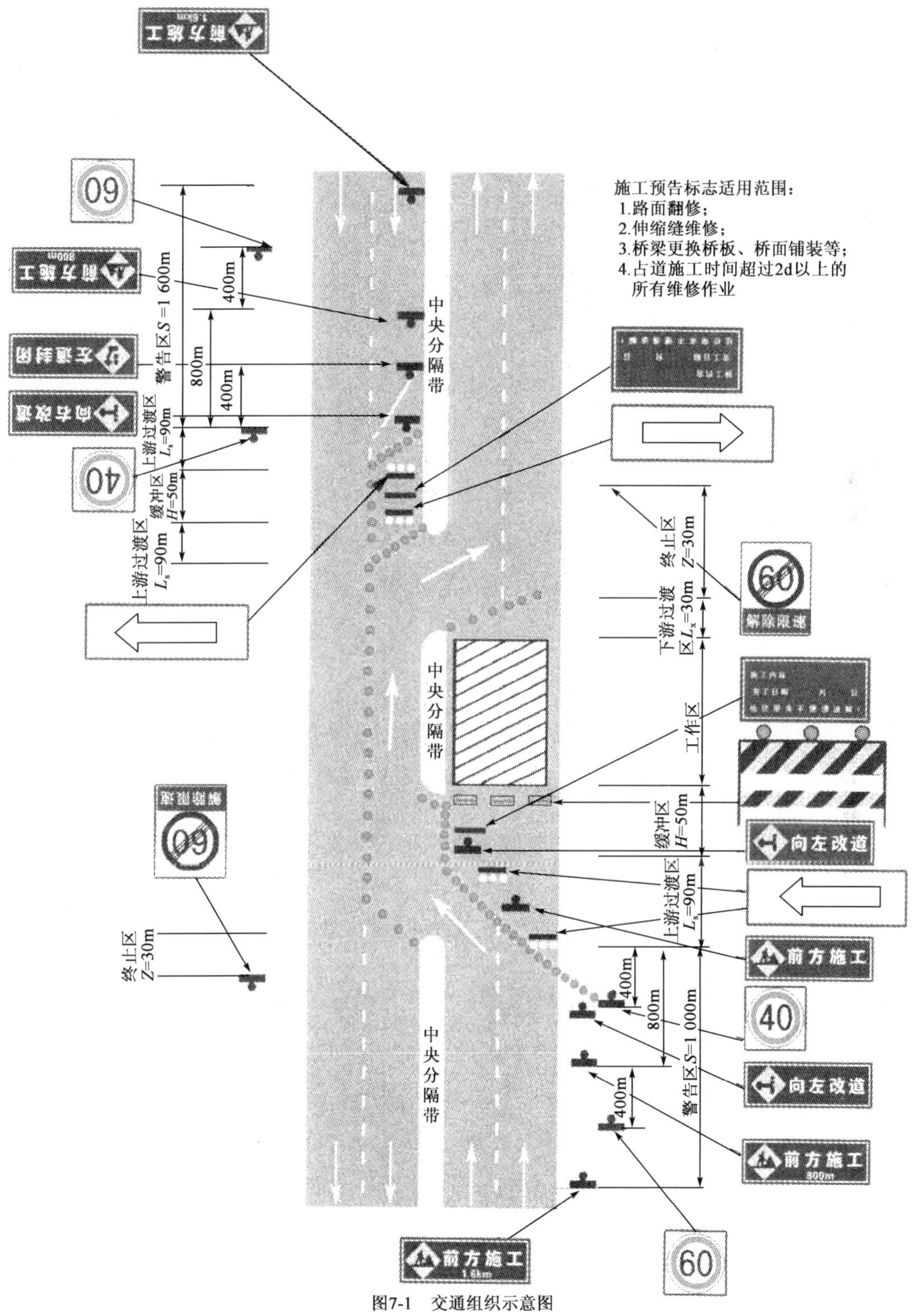

图7-1　交通组织示意图

如果在施工期间发生堵车，短时间可以疏导交通时，由现场交通安全维护人员协助疏导交通。如果堵车长度较长，且交通事故的处理无法短时间内解决，应迅速通知交警、路政等单位，对通行车辆进行分流。并尽快暂停施工，设备停靠硬路肩，施工人员撤出。由安全维护人员用锥标将设备围拦后，尽快将施工方向的半幅车道放行，以加快交通的疏导。

7.3 应急处理措施

1)突发事件的处理

在施工中，若出现下列情形应及时向交警等部门进行汇报处理：

(1)特殊路段施工过程中，如遇交通拥堵，首先施工单位应积极进行疏通，若还不能保证车辆通行，有条件的情况下应立即移除施工机械设备，停止施工路段的封闭。在不能解除道路封闭并造成车辆拥堵时，应及时报告交警等相关部门协助进行疏导。

(2)一般路段，遵循以上特殊路段处理方案，造成车辆拥堵超过 200m 时，应及时报告交警等相关部门协助进行疏导。

(3)施工路段出现故障车辆时，首先向路政救援部门报告，并及时进行交通疏导，同时能够解除施工路段封闭的，应将交管设施移除，让车辆进行通行，施工安全员全力进行交通疏导，直至故障车辆排除。

(4)若施工中遇警卫任务、大型活动等事件，在接到交警部门通知后，在规定时间内，按要求停止施工。

2)特殊车辆事故处置

如有特殊运输车辆(汽油、化学原料、易燃易爆物品等)在施工段落出现交通事故，现场维护组发现后应立即向消防部门、高速公路交警及路政等单位汇报，并通过对讲机告知现场维护组的其他人员，第一时间组织人员封闭事故现场，根据上述交通应急保障措施将其余车辆紧急导流，将事故现场与对向行车隔离开来，等待消防部门到达进行处理。待危险源完全消灭后，按照上述紧急预案恢复两侧正常交通。

3)恶劣天气保通措施

为保证冬季冰雪等恶劣气候条件下的行车安全，除影响行车安全抢修工程外，雨、雪、雾天气或路面有结冰情况下一般不施工。抢修施工时应加强以下几项措施：

(1)成立抢修工作小组，具体领导与协调各类抢修工作。

(2)监控部门加强与气象部门的联系，广泛收集气象资料，做好降雪预报，并及时通过多种途径提醒驾驶员减速慢行。对于冰雪路段，应及时换上限速临时标志，并加强巡视，发现情况及时汇报处理。

(3)充分做好人员、设备、材料、工具等准备工作，确保以最快的速度除雪，防止路面积雪被压实，并保证有一个车道畅通。

(4)冰雪危害十分严重时，由业主与交警统一协调后下达局部或全部封闭交通的指令。

(5)施工设备夜间靠路侧停放时将尽量紧贴护栏停放，减少行车道占用宽度，严格控制区域长度，尽可能保障道路通行条件，并设置完善的安全防护措施。进一步加强夜间设备停放设置的顺向车辆行驶方向的照明灯光，并严格控制灯具摆放高度以避免对逆向车辆产生影响。停放区域前方将加设灯车并加密爆闪灯警示设备的摆放。设备区配置警笛，必要时可以鸣笛警示。

7.4　交通安全保畅方案编制要求

(1)施工安全布控。

①分段、分区制定施工组织方案，根据安全保畅相关规定，加快编制交通保畅方案与应急预案，分别详细列出各工作日和节假日的保畅措施和应急措施，在业主代表协调下报交警、路政审查，修改和审批。

②确保施工期间的施工安全畅通，做好与路政、交警部门的信息沟通工作。成立安全生产工作领导小组，并明确安全生产工作领导小组职责。

③按设计方案结合施工现场及施工组织能力，分时间节点逐段制定好施工形式与交通组织形式。

④在施工前应提前将施工组织方案报交警、路政等管理部门进行审批，并通过报纸、广播等途径进行社会公告。施工组织方案经相关部门审批后，应及时将相关安全设施、人员、物资等准备到位并按要求布置后方可进行施工。

⑤施工路段安全布控。根据《道路交通标志和标线》(GB 5768—2009)对高速公路养护施工作业安全布控的规范要求，为了车辆顺利通过作业区，保障养护维修作业人员和设备的安全，警告、提醒、引导车辆和行人通过养护维修作业交通控制区域，要加强安全防范意识，并根据施工组织设计拟定车道封闭作业与借道通行交通安全布控方案。

(2)应按高速公路养护维修作业相关要求制定安全管理规定。

(3)特殊路段专项施工方案。在弯道、连续纵坡等安全隐患较大的特殊路段，应按照《道路交通标志和标线》(GB 5768—2009)对高速公路养护作业安全布控规范要求，将该段的交通安全标识牌摆放位置(即警告区)延长至 2 000m，提前对通行车辆进行提示，并相应增加安全员和标示标牌、安全锥、减速带等设施。

第8章

养护档案管理

8.1 总体要求

公路工程档案是养护管理的重要组成部分，建立健全完善的档案对于公路工程的养护管理非常重要。一般应考虑如下几个方面：

(1)全面性。档案、台账、记录、文书的种类及其项目、内容要齐全。统计和统计分析、报表、图表编制内容全面；文字表述的内容要全面；信息发布的内容要全面。

(2)真实性。主要指上述内容的时间、地点、人物、事实、经过、数据必须实事求是，符合客观实际。

(3)准确性。主要指上述内容必须准确，执行过程中依据的规范标准、条款必须准确。

(4)及时性。上报材料、报表要及时，信息发布要及时。

(5)标准性。主要指严格按照相关标准，进行内业资料的整理。

(6)程序化。指内业工作按照一定的工作流程办理，有外业第一手数据后再进行内业整理，杜绝编造现象。

(7)可查性。主要指建立健全公路养护技术档案，大力推广应用公路养护管理系统，及时更新技术数据，保证公路养护技术档案真实、完整，实现电子化管理，便于及时查阅。

8.2 技术档案的组成

公路工程养护档案主要包括基础资料、管理资料、检查资料、养护维修资料、特殊情况资料、固定资产资料等。其详细分类如表8.1所示。这些资料如有缺失，应根据历年检查、养护资料，逐步建立和完善其技术档案。必要时，可专门安排有针对性的检测、试验或特殊检查，补充、完善相关技术资料。

技术档案分类表　　表8.1

类　别	内　　容
基础资料	1.设计施工图及竣工图，结构计算分析报告； 2.施工过程中的试验检测及科研资料； 3.工程事故处理资料； 4.施工全过程的结构位移或变形测试资料；

续上表

类　别	内　　容
基础资料	5.观测或监测点(部件)资料; 6.交(竣)工验收资料
管理资料	管养单位、监管单位及其分管领导、桥梁养护工程师等的基本资料。养护工程师除应归档个人基本资料外,还应归档其业务考核情况和年度主要工作情况
检查资料	1.各专业经常检查、定期检查结果、养护对策建议、特殊检查建议报告、养护建议计划等技术资料,以及检查的时间、实施人员等基本资料; 2.特殊检查还应包括检测(试验)方案、检测(试验)报告、照片及多媒体材料,检测(试验)方的资质证书(复印件)、业绩证明(复印件)以及主要检测人员的资格证书(复印件)等
养护维修资料	1.小修保养工程的实施技术资料和养护质量评定结果,以及工程实施的时间、组织实施人员等; 2.中修、大修、改建工程的设计图纸、竣工图纸、施工资料、监理资料、监控(监测)资料、质量事故处理报告、交(竣)工验收等技术资料,以及设计、施工、监理和监控(监测)等各方的资质证书(复印件)、业绩证明(复印件)及其主要检测人员的资格证书(复印件)等
特殊情况资料	地质灾害、气象灾害、超限运输等特殊事件的具体情况、损害程度、处治方案等
固定资产资料	包括固定资产卡片、固定资产名牌登记、调拨单、租赁合同及报废申请单和报废处理记录等

8.3　建立制度的相关要求

一般来说,档案管理制度应至少涵盖以下内容:

(1)归档范围。对养护档案范围的界定,明确哪些档案需要归档。

(2)档案管理组织方式。对管养单位养护档案主管部门、管理职责以及管理流程的规定。

(3)档案级别及相应管理要求。对养护档案的级别划分,以及与此对应的查阅权限、存档期限、备份要求等。

(4)档案审批流程。包括各类不同的档案在归档前应进行的相关审批工作。

(5)组卷要求与方法。包括对档案的分类、排序等组织方式,以及与主文件相关的各类审批、变更、函件等的组卷要求。

(6)案卷编目。包括档案编码格式和编码规则。

(7)案卷电子化要求。对档案资料录入电子化管理系统的要求,包括录入范围、数据格式等。

(8)案卷借阅、移交、作废管理规定。

(9)形式要求。包括档案的折叠、摆放、存储等形式的要求。

(10)管养单位应建立电子化档案管理系统。由于该系统相对比较封闭,可将其作为OA办公系统、电子化人工巡检系统或桥梁健康监测系统的一个模块。

第9章 养护管理发展趋势与新技术的运用

9.1 发展趋势

1)引入竞争机制,走专业化道路

在高速公路发展初期,由于养护市场尚不健全,高速公路管理养护基本都由业主单位组织,养护管理通常由业主单位的二级机构实施。这种模式存在动作不透明、管理不专业、成本难控制等弊端。随着养护市场逐渐形成,引入竞争机制,走专业化养护道路已是大势所趋。根据交通运输部“事企分开、管养分离”的基本改革要求,新的养护模式下公路养护公司与公路经营公司不存在上下隶属关系,而是成为平等合作的关系。专业养护公司以市场需求为导向,关注养护成本,具有竞争意识,这样不仅能够提高养护质量,还能降低养护成本、提高资金使用率。

2)推进养护信息化,发展智慧交通

信息化作为网络时代的先进管理手段,是21世纪管理工作的一场革命,高速公路系统庞大,数据量大,工作繁杂,用好信息化管理手段,将极大地提高工作效率和准确性。近年来各省高度重视信息化建设工作,先后建立或正在建设桥梁、隧道、路基、路面等公路养护管理系统,信息化工作取得了一定进展。但由于工作习惯和管理理念的原因,信息化工作的推进并不理想,信息化管理系统没有发挥出应有的优势。

随着物联网技术的发展,并结合养护管理的实际需求,传统的土木工程行业正在不断吸纳最新的信息化技术。比较有代表性的是桥梁管理系统和桥梁健康监测系统的迅速发展。目前,桥梁管理系统和桥梁健康监测系统趋向于形成统一的桥梁养护管理平台。桥梁养护管理平台是未来发展的方向,物联网技术将会推动其发展。桥梁监测有助于提升桥梁科学,精准管养的水平,有助于延长桥梁寿命。

9.2 大型桥梁的全景可视化综合管理技术

公路桥梁的建设、养护是一项庞大复杂的系统性工程,需要建设团队内部的多专业间密切配合,频繁地进行多种形式的信息交互,需要业主、设计单位、施工单位、监理、养护、管理等多个参与方进行沟通协作来完成,共同将设计成果实现为公路桥梁实体,并通过规范的养护使桥梁的结构状态和功能表现良好。此外,桥梁工程特别是长大桥梁工程本身技术复杂和特殊性,更需要在规划、设计、施工、制造、管养、监测、加固、拆除等全寿命周期中将海量信息数据进行保存,以便查询。

国外学者和桥梁工程师已经充分意识到全景可视化综合管理技术在桥梁工程应用的紧迫性，已经先后制定了推广政策、成立了相应的协会、制定了相关标准或规程、开发了相应的软件平台，并在一些工程中成功应用了该技术。国内桥梁工程的全景可视化综合管理技术应用目前刚处于起步阶段，一部分桥梁工程已经开始先行先试，但也仅仅是运用了局部技术，整体技术水平和国外还是有差距。

实际上，全景可视化综合管理技术是近10年来在CAD技术基础上发展起来的一种多维(三维、四维、五维、N维)模型信息集成技术，可以使桥梁建设和养护的所有参与方都能够在数字虚拟的真实桥梁模型中操作信息和在信息中操作模型，从而实现在桥梁全寿命周期内提高工作效率和质量，以及减少错误和风险的目标。全景可视化综合管理技术应用可以贯穿于项目决策、设计、施工、运营全过程，如图9.1所示。

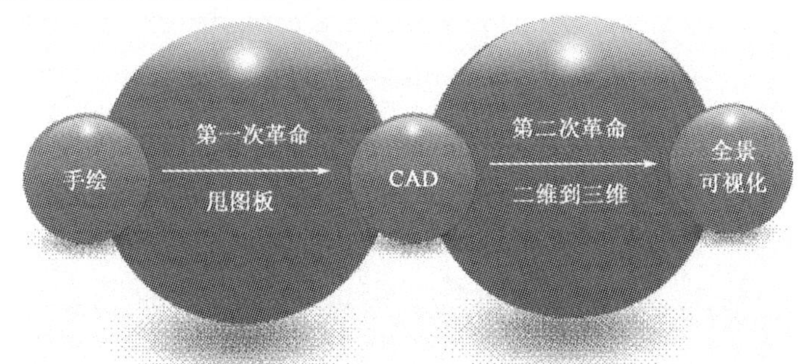

图9.1　模型信息的沿革

全景可视化综合管理技术是三维模型、三维地理信息模型、协同文档信息模型技术、资产信息模型技术的有机综合，实现了桥梁的智慧养护管理。根据该思路所构建的桥梁工程全景可视化综合管理架构如图9.2所示。

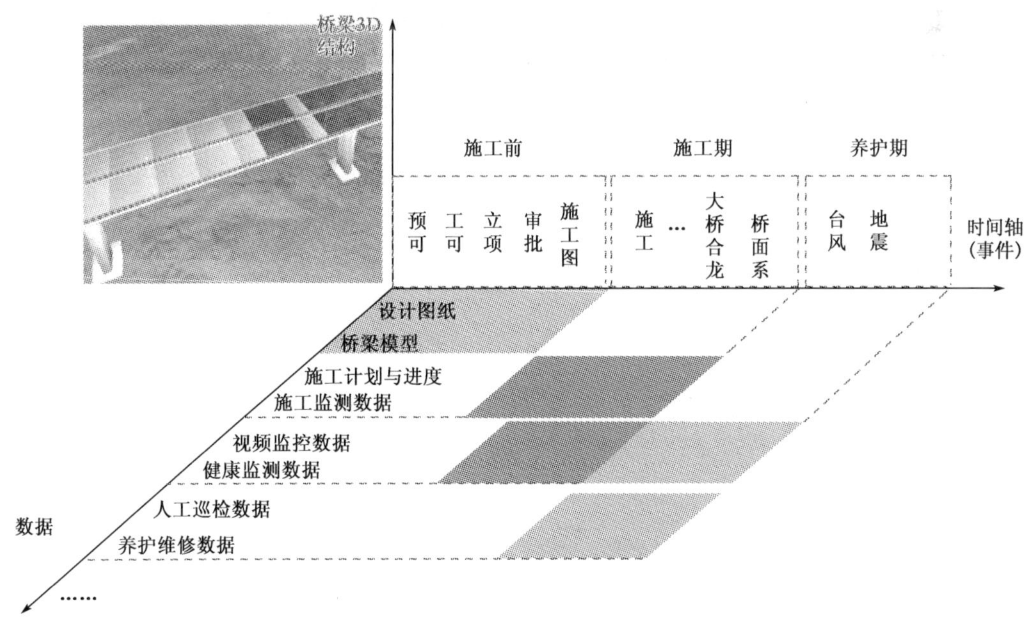

图9.2　桥梁工程全景可视化综合管理架构

中交公路规划设计院有限公司开发的、具有典型代表性的江阴长江大桥全景可视化综合管理系统界面，如图9.3所示。

图9.3 江阴长江大桥全景可视化综合管理系统界面

该系统实现了三维数据立体、直观展示，对所有桥梁监测中心管理的桥梁进行现场数据采集，人工精细化建模，建立桥梁全部实体构件可量测、可拆解的三维模型，实现桥梁监测数据实时空间立体显示，如图9.4所示。

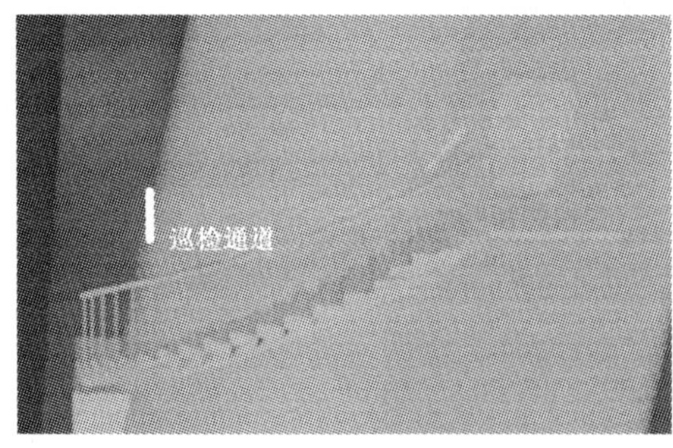

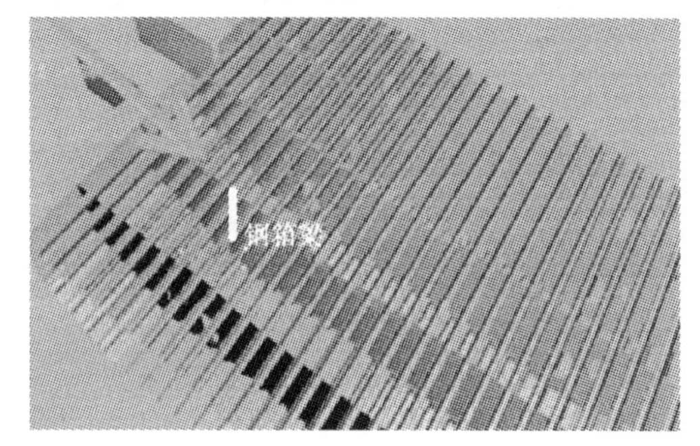

图9.4 部分构件的立体展示

全景可视化综合管理技术作为一种新兴的管理观念，必然在未来占据更为重要的位置，它给工程的高完成度提供了完美的解决方案。在整个寿命周期中，全景可视化综合管理技术都应该发挥作用，直到桥梁拆除。该技术将记录整个桥梁的全寿命周期内的所有内容，在桥梁养护、管理等方面都能够提供统一的解决方案,代表着未来的一种必然发展趋势。

9.3　资产管理技术的应用

资产管理的理念是以提高企业资产可利用率、降低企业长期运行维护成本为目标,采用“信息化”技术手段,通过对企业资产全寿命周期(或运营周期)的有效管理,实现资产的保值与增值,提高企业的社会效益和经济效益。资产管理技术的发展历程如图9.5所示。

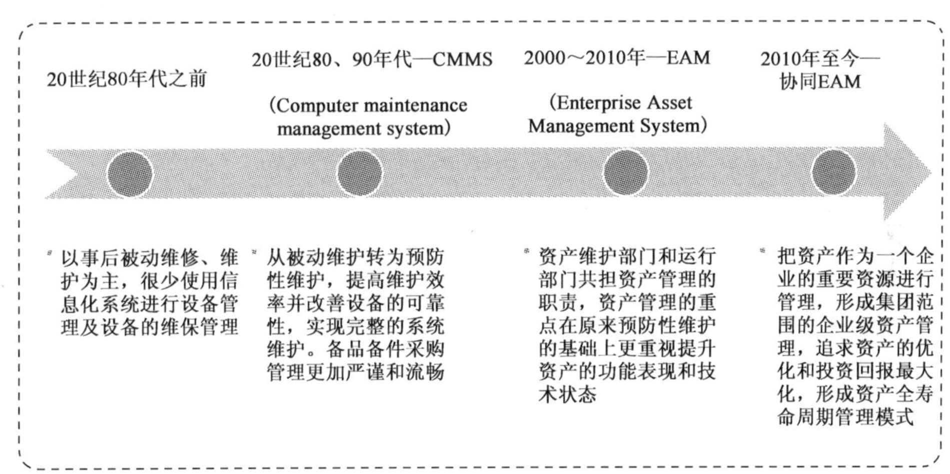

图9.5　资产管理技术的发展历程

资产管理技术产生于资产密集型企业,对资产密集型企业的价值最大。那么除了公认的电信、电力等类型的企业外,赛迪顾问认为具有以下特征的企业都可以认为是资产密集型企业:

(1)在国家组成结构中地位显赫,掌握着国家命脉。

(2)资产高度密集,资产的管理成本在总生产成本比重最大,至少在50%左右。

(3)资产的安全可靠运行是保障生产完成的核心。

(4)生产量取决于设备本身的性能,受原料投入数量影响较小。

(5)设备技术含量和自动化程度高。

(6)生产工艺相对简单,对人的依赖性较弱。

在我国高速公路迅速发展的过程中,人们也逐步认识到其建设投资大、回收周期长等特点。进入21世纪,中央提出建设资源节约型、环境友好型社会及构建社会主义和谐社会的战略思路。如何在加快高速公路建设进程中,进一步理顺和规范管理体制,管好已有的庞大的高速公路资产,更好地发挥其支撑国民经济和社会发展的基础作用,是交通行业面临的一个重大而紧迫的现实问题。然而,我国高速公路资产管理价值实现的理论探索落后于实践活动,严重阻碍了高速公路行业的健康发展。传统的计划经济烙印还在高速公路管理中不时地表现出来,无法满足高速公路资产管理的需要,也严重制约其价值的合理实现。

对比资产密集型行业的特征以及公路工程的特点,可知公路行业也具有类似特征:

(1)国家重要基础设施和生命线工程,地位显赫。

(2)资产高度密集,运营维护管理成本是首要支出。

(3)公路的安全、可靠运行是公路管理的核心。

(4)价值高、使用周期长(100 年)、管理涵盖面广、协调管理难度大。

因此,公路行业的资产管理技术研究具有很强的现实意义。公路行业的资产管理技术研究所面临解决的问题为:

(1)如何较为规范有效地获取各类资产的属性数据。

(2)如何管理、使用获取的资产属性数据。

(3)如何让数据系统地说话,规范从业者的行为。

(4)如何有效利用相关数据产生前瞻性的养管规划。

(5)延长基础设施的使用寿命,降低使用风险和养管成本。

(6)如何使各级管理者高效系统地监管基础设施资产并掌控风险。

资产管理平台构建的核心工作为:根据结构分析、危险源分析和维护更换要求,对已有结构重新进行单元化离散,建立基于唯一 ID 编码的电子化单元体系,并将相应属性赋予每个单元体,通过对电子化单元的数据管理实现资产管理,如图 9.6 所示。

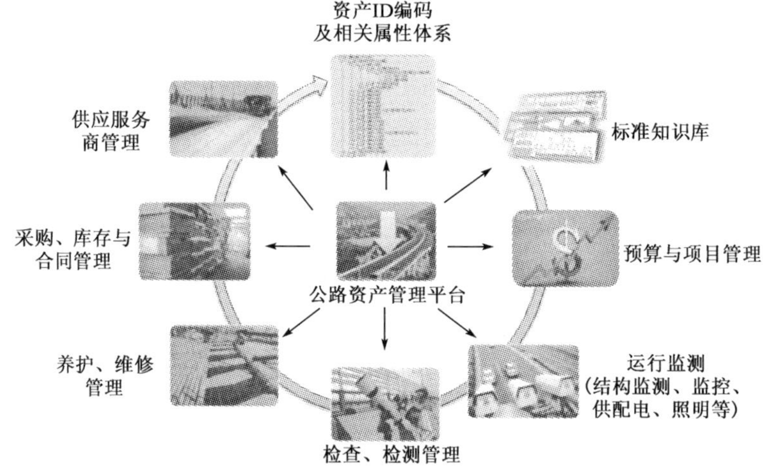

图 9.6　资产管理平台构建的核心

以桥梁为例,对桥梁结构的离散和编码的过程相当于对桥梁结构的电子化"再设计"。合理的编码结构能够使得对于桥梁结构风险、退化、收益的管理更加有效,从而实现精细化的管养。桥梁结构离散如图 9.7 所示。

高速公路资产管理技术的实现上,是利用 GIS、3D、二维码、移动互联网等现代技术搭建起的一个信息共享平台,如图 9.8 所示。

通过对关键高速公路资产单元属性的有效管理,达到提高高速公路资产可利用率、降低资产长期运行维护成本。同时达到对高速公路资产全寿命周期(或运营周期)的有效管理,实现资产的风险可预期和可控,使其更加可靠、耐久,提高企业的社会效益和经济效益。因此,公路资产管理技术的最终目标是:依托公路资产,运用技术、经济、行政等手段为出行者提供安全、舒适、便捷的行车环境,同时实现资产的保值、增值。

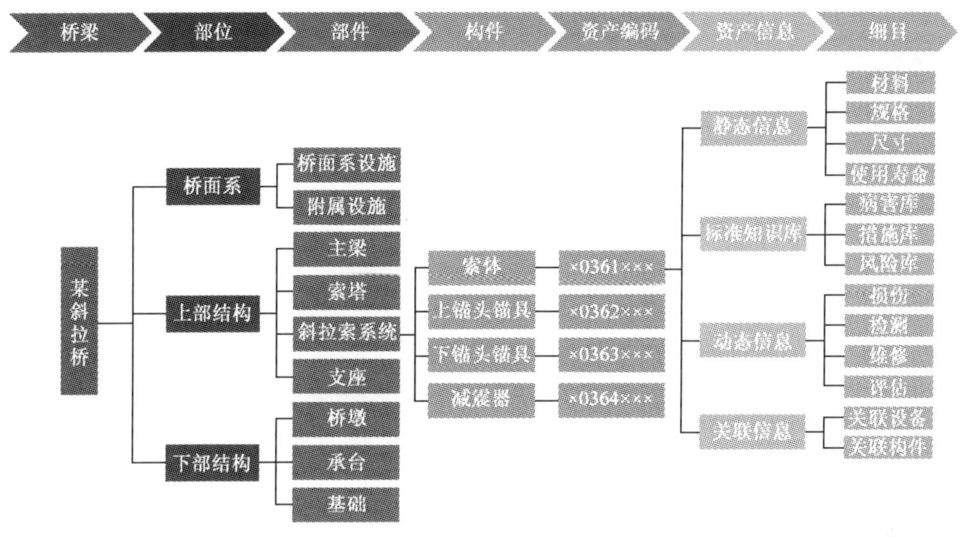

图9.7　桥梁结构离散示意图

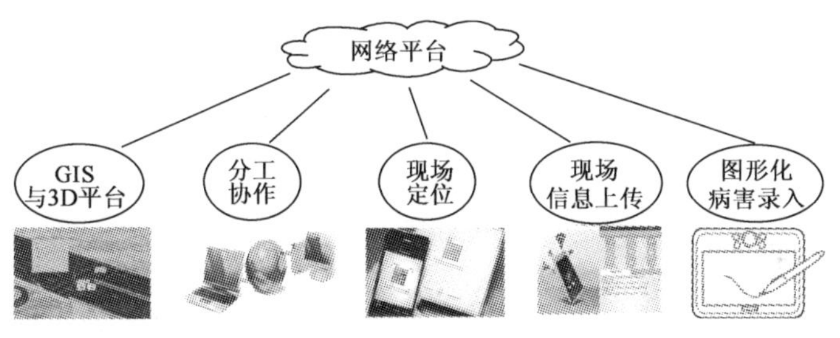

图9.8　高速公路资产管理技术的信息化应用

9.4　大数据及信息化在交通领域的应用

9.4.1　交通云平台

我国住房和城乡建设部办公厅于2012年11月22日正式印发《国家智慧城市试点暂行管理办法》后，智慧城市正式进入落地阶段，建设智慧城市也成为了贯彻党中央、国务院关于创新驱动发展、推动新型城镇化、全面建成小康社会的重要举措。智慧交通是智慧城市的重要组成部分，因此也被提上了加速的日程。

如何利用海量的数据（如大量的视频监控摄像数据、结构安全监测数据、构筑物的养护检测数据等）为智慧交通服务，是一个非常重大的课题。无论是第二代联网型平台，还是第三代运营级平台，显然都无法满足智慧交通的需求。在此背景下，面向智慧交通的云平台已经呼之欲出。

通过构建全省统一的云计算服务平台，实现交通运输行业基础设施一体化、运维管理集中化、技术支撑平台化、数据资源整体化、业务应用协同化、公众服务人文化和大数据产业化，为政府决策、交通管理、企业运营、百姓出行等提供智能交通服务。

通过大数据处理平台，对现有基础数据、业务数据、感知数据和专题数据进行深度挖掘与综合分析，探索和尝试大数据技术在现阶段的交通领域内的应用，比如：

(1)应用大数据缓解交通拥堵。

(2)应用大数据处理恶劣天气的道路状况。

(3)应用大数据智能调度车辆。

(4)应用大数据动态制定票价。

(5)应用大数据评估路面状况。

9.4.2 公路养护管理信息化系统

为了发挥信息化的引领和带动作用，提升管理水平和工作效率，交通运输信息化建设也取得了快速发展，各级部门加大了信息化应用系统建设力度，公路业务信息化方面初步建立了公路桥梁养护管理信息系统、公路隧道数字化养护管理系统、路基管理及公路地质灾害预报预警系统等，如图9.9、图9.10所示。

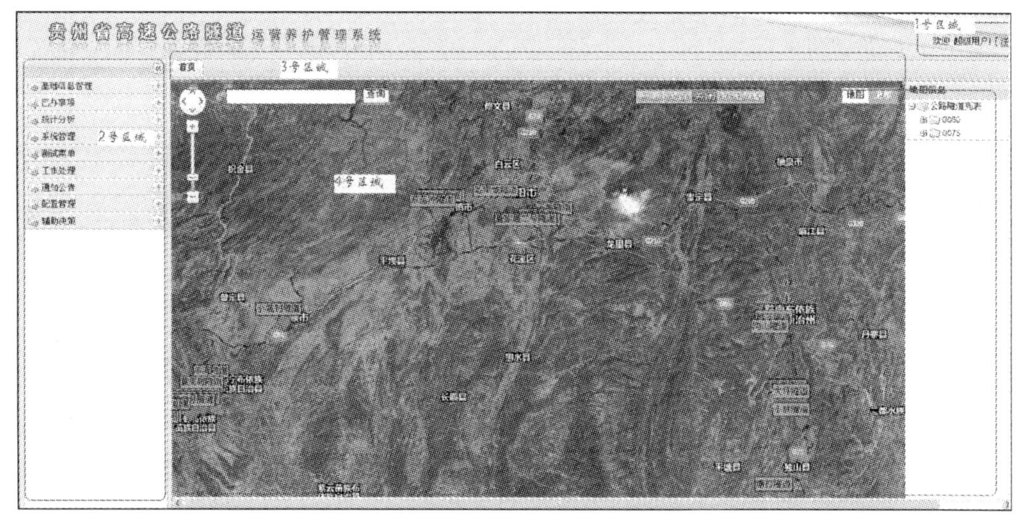

图9.9 公路隧道数字化养护管理系统

公路养护管理信息化系统，一般从本省公路网整体管理角度出发，基于目前的网络信息软硬件技术和前期研究应用成果，统一规划，建立一个网络化的、高效的、覆盖本省路基、路面、桥梁、隧道等公路全资产的养护管理系统。既适合不同体制、不同层级的管养单位养护业务管理需要，又满足主管部门对各种路况数据的即时查询掌握以及辅助制订养护计划的需求，系统平台的建立将从整体上提升公路养护科学决策能力及信息化、规范化管理水平。

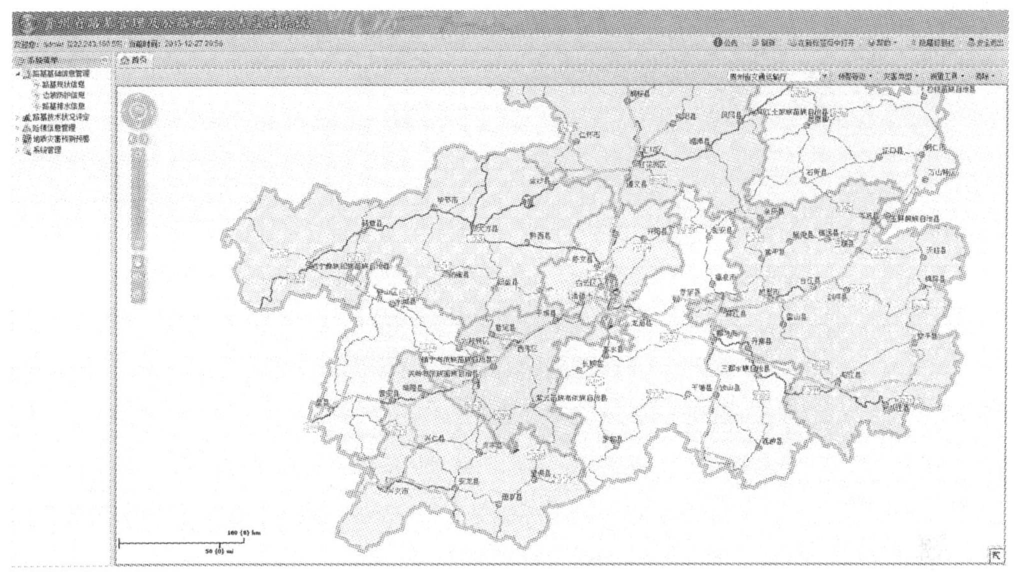

图 9.10　路基管理及公路地质灾害预报预警系统

9.5　新型养护机具

9.5.1　爬索机器人

桥梁索杆作为索体系桥梁的主要受力部件，因暴露在空气中，长期受到风吹、日晒、雨淋及大气中污染物的侵蚀，其表面的聚乙烯保护套会出现隆起、破裂等现象，甚至失去保护功能进而导致内部的钢丝束出现锈蚀、断丝等问题，严重影响了斜拉桥的观赏性，并给斜拉桥的安全埋下隐患。以往索杆检测维护作业基本使用人工吊篮方式，成本高、效率低、安全性差，而采用自动化检测机器人技术和仪器进行桥梁索杆 PE 外观检测工作则效果较好。

检索机器人由 4 个主动轮组成，主动轮的上、下用弹簧连接，提供机构对拉索的夹紧力，通过调整主动轮上行走滚轮间距可方便安装于不同直径的拉索。由于行走滚轮组合成“V”字形，可防止车体偏离拉索。机器人爬升力由主动轮与拉索表面摩擦力提供，采用铝合金＋橡胶复合制成，可增加与拉索表面摩擦系数。检索机器人示意图如图 9.11 所示。

爬索机器人外观检测现场照片如图 9.12 所示。

9.5.2　主缆检修车

悬索桥的主要承载结构为缆索系统，温度及湿度的变化等自然因素在长时间的作用下会对主缆造成一定的侵蚀，因此对主缆以及吊索等结构进行定期的检测维护是非常必要的。目前桥梁行业针对主缆检测维护专用设备的需求，开展了主缆检修车关键技术的科技攻关，实现了主缆检修车 26°爬升，并能够利用光电传感器结合控制技术，实现主缆检修车自动过索夹、吊索，完善主缆检修车的抗风设计以适应山区强风条件下作业安全问题，同时也结合山区道路运输不便的特点，实现了检修车的模块化制造。

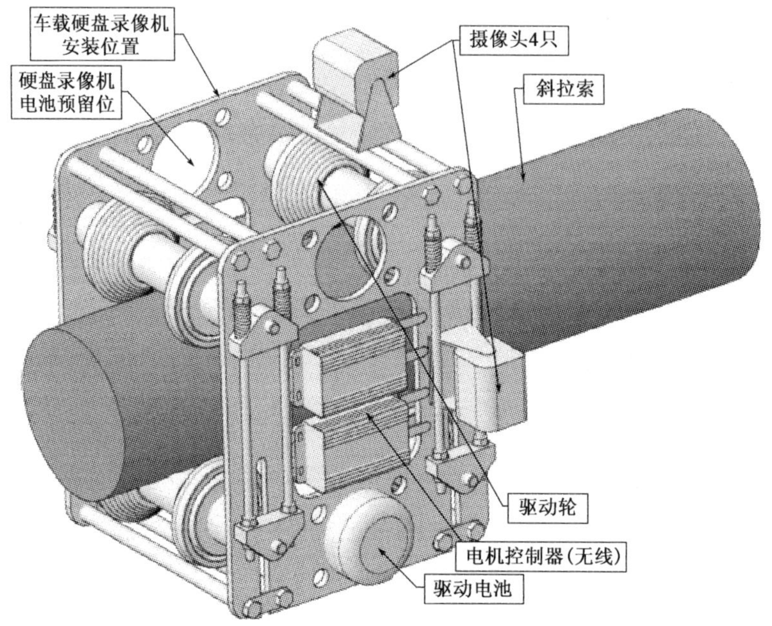

图 9.11　斜拉索检测机器人示意图

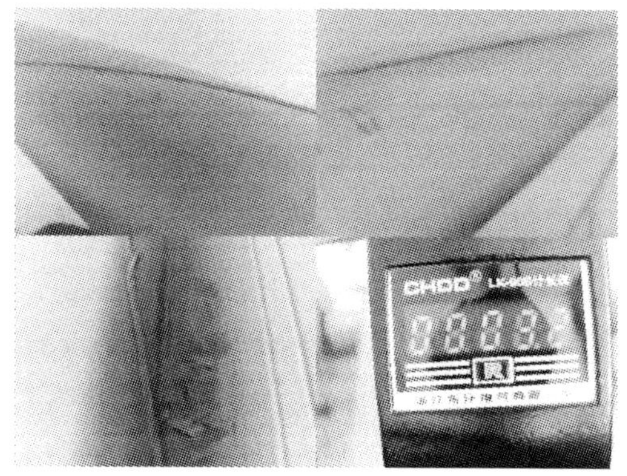

图 9.12　爬索机器人工作照片

主缆检修车单车平台和两车联动平台示意图如图 9.13、图 9.14 所示。

9.5.3　斜拉索内部锈蚀断丝无损检测设备

对桥梁索杆尤其是锚头区域进行定期检测非常必要，一方面根据检测结果对存在严重损伤的桥梁索杆进行更换，避免桥梁垮塌等重大事故的发生；另一方面对表面存在问题的桥梁索杆进行复查，为结构完好的桥梁索杆继续使用提供依据，避免盲目换索造成的浪费。同时通过对桥梁索杆定期检查获得在役索体的工作状况，有助于掌握运营期的桥梁结构健康状况，及早处理施工质量中存在的一些隐患问题，减小换索的概率，保证桥梁的安全运营，并可以形成桥梁通车后的详细档案资料，这对桥梁日后的养护、维修、安全运营和指导具有重大意义。

图 9.13　主缆检修车单车检修平台示意图

图 9.14　主缆检查车两车联动平台示意图

目前的桥梁索杆检测仍以人工检测为主，仅能对索杆系统的外观损伤进行检测，无法在不破坏索体防护的前提下对桥梁索杆内部的锈蚀断丝情况进行检查判别。为全面深入地了解既有桥梁索杆的内部受力钢丝情况，同时避免人工破损检测对桥梁索杆防护系统造成损伤，一般需要对桥梁索杆的锈蚀、断丝进行检测。

目前行业中采用了磁致伸缩导波检测法对桥梁索杆的锈蚀、断丝进行检测，相对效果较好。磁致伸缩导波技术检测方法主要用于长距离索体结构的快速检测，特别适用于斜拉索和吊杆的索体和锚固区检测。

现场工作照片如图 9.15 所示。

9.5.4　公路运营安全移动监控和预警车

公路运营安全移动监控和预警系统是将移动式信息检测技术与先进的预警管理理念相结合，综合利用交通、气象、机电、通信等多领域最新技术成果，集成为一套移动式的可主动、实时、高效、有效采集高速公路路况信息并为交通管理提供预警对策的运营安全管控系统，如图 9.16所示。

图 9.15　磁致伸缩导波技术运用于桥梁索杆无损检测的现场照片

图 9.16　公路运营安全移动监控和预警系统

其工作流程简述为：公路运营安全移动监控和预警系统搭载在汽车上，汽车在公路上巡逻时，车载传感器通过实时采集和相应模型算法获得表征公路实时路况信息的交通流数据、气象数据、路面数据、车道数据等，软件平台通过内置的程序和规则可以判别公路上灾变事件的类型及等级，并制定出相应的预警对策，预警对策通过通信网络传输至监控中心，由监控中心进行发布，当通信断路或发生重大事件时，预警对策由项目产品自行发布。

隧道检查车是利用车载的自动监测技术，以图像处理和激光扫描结合的方式来进行隧道的病害健康监测。车辆在隧道中行驶时，通过车载设备上的激光扫描仪定期对隧道表面进行连续扫描检测，同时利用数码相机对隧道表面进行全方位拍照，结合扫描系统的横向定位和检测车的纵向定位系统，获得全面、丰富的监测数据，并把数据传给计算机，通过相应的软件进行分析处理，得到隧道的渗漏水、剥落、裂缝以及隧道轮廓等数据，从而实现对整个隧道的健康监测。

附录

桥梁检查、检测及维修加固方法

1)外观检查

外观检查主要以近距离人工目视检查为主，当结构或构件无法接近时，可借助桥检车、检修车、登高平台、高清成像及其他检查辅助装置成像，检查人员根据采集资料进行结构损伤病害的评判。具体实施时根据大桥的设计特点和桥位的实际环境，对全部构件可采用多种检查方式结合的方法进行检查。

大桥一般检查检测的手段分类如下：

(1)巡检人员可利用桥检车平台、梁底检修车、检查船、升降平台、爬梯或普通登高梯等接近结构表面进行检查。桥梁检查车现场工作情况如附图 1.1 所示。

附图 1.1　桥梁检查车现场工作情况

(2)利用梁底检修车进行检查的情况如附图 1.2 所示。

(3)利用检查船，可实现对位于水域的承台、墩身、索塔下塔柱、钢管桩等部位的检查。船舶水上检查示意图如附图 1.3 所示。

(4)利用升降平台可以实现对于斜拉索下部、索塔塔柱桥面部分等的检查。升降平台设备如附图 1.4 所示。

(5)借助结构中已有的爬梯或采用普通登高梯，辅助检查人员通过简易方式实现对索塔内部、箱梁内部结构物的检查。索塔或箱梁内爬梯示意图如附图 1.5 所示。

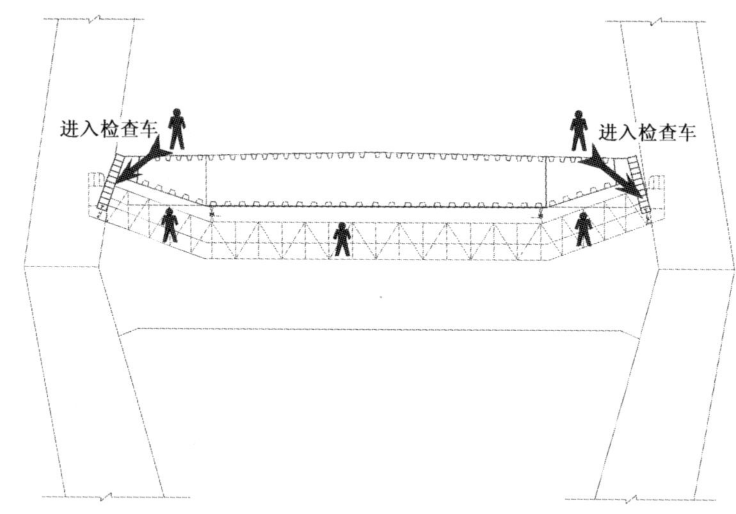

附图 1.2　钢箱梁检修车

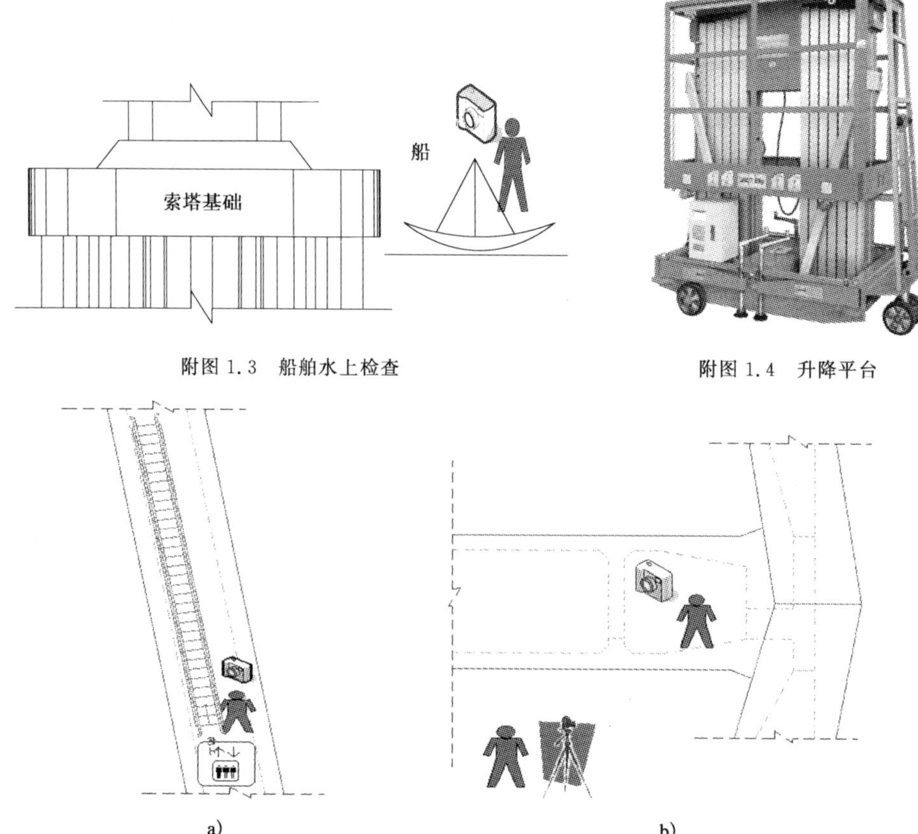

附图 1.3　船舶水上检查

附图 1.4　升降平台

附图 1.5　索塔或箱梁内爬梯示意图

(6)结构处于视线范围,但无法接近时,可以使用高清成像设备(高分辨率相机、摄像机等)进行结构物表面状况的记录,以便后期内业处理中能够发现并定位病害,适用于少部分塔身及横梁外表面。高清数码相机、摄像机如附图 1.6 所示。

附图 1.6　高清数码相机、摄像机

目前利用数码摄像技术、自动控制技术和计算机图像处理技术已经可以实现对钢筋混凝土桥梁外观裂缝、桥塔裂缝、斜拉索损伤等的远距离检查。其典型的硬件设备组成如附图 1.7 所示。

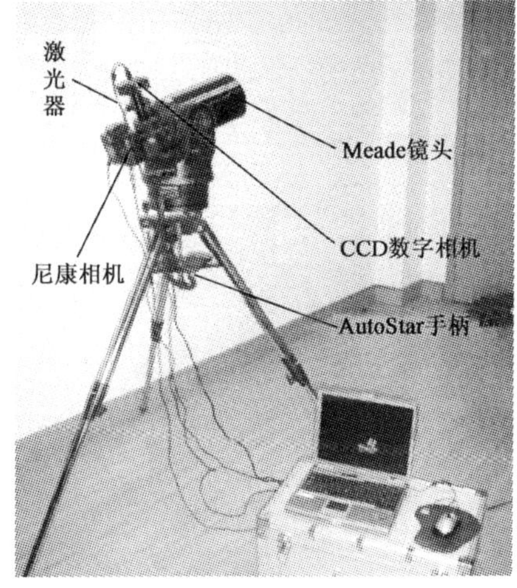

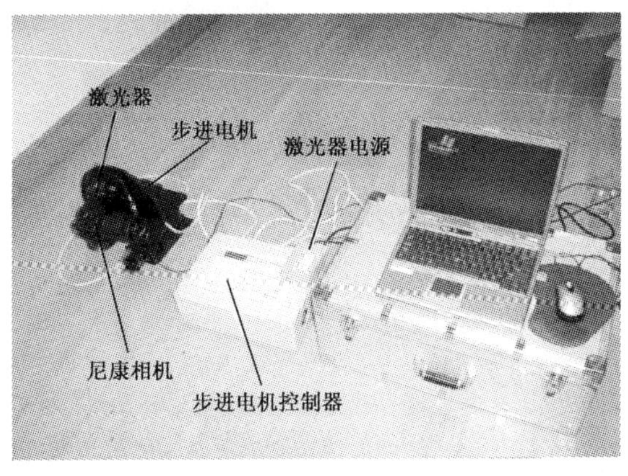

附图 1.7　远距离高清检查设备

采用该类系统检查到的桥塔裂缝如附图 1.8 所示。

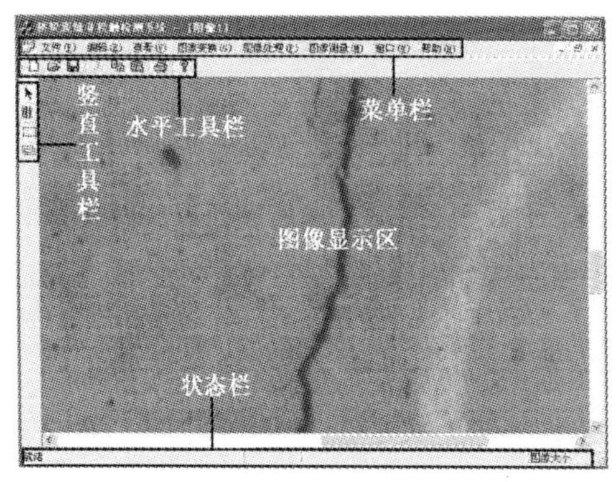

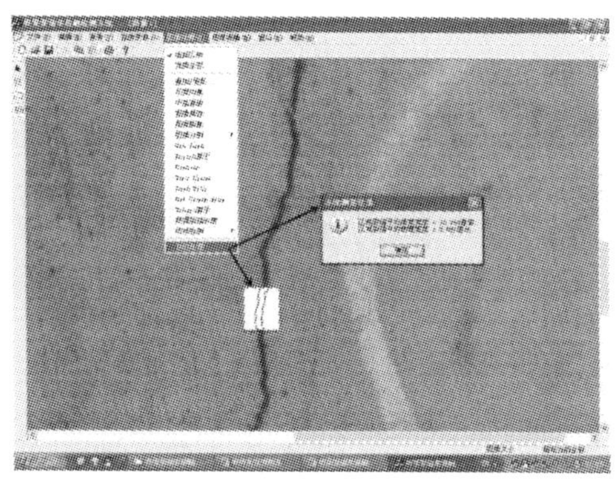

附图 1.8 图像处理和测量子系统检查到的桥塔裂缝

(7)桥塔、高墩柱等高耸结构物外壁检查和维修常采用吊篮。吊篮分为临时吊篮和永久性吊篮。吊篮一般由固定于塔顶的提升装置提升。根据高耸结构物形状的不同,平台设计成各种不同的形状,以实现对其全方位的检查。高耸结构物检查用挂篮必须由专业公司根据桥梁情况专门设计,使用时需由专业人员进行使用。索塔检查用永久吊篮如附图 1.9 所示。

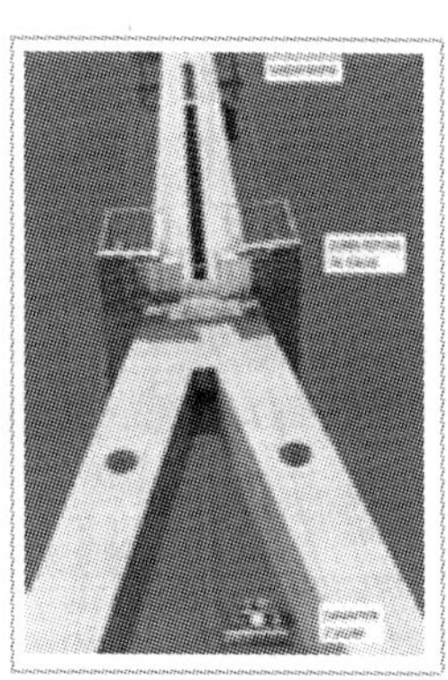

附图 1.9 索塔检查用永久吊篮

(8)利用缆索机器人,可实现对于斜拉索 PE 护套外观的检查。如果怀疑斜拉索钢丝锈蚀,可对该索进行开仓检查。对开仓的斜拉索采用专用塑料焊枪修补恢复。缆索机器人和斜拉索开仓检查工作情况如附图 1.10 所示。

(9)对于无法直接进行表观检查,又不宜大范围破损的桥梁构件,可以采用内窥镜进行检查。内窥镜的探头可以 360°旋转,它可以通过较小的孔隙接近隐蔽结构的表面进行检查,如附图 1.11 所示。

(10)对于桥梁桩基可以采用水下摄像检测仪、潜水法或水下机器人进行检查,如附图 1.12所示。

2)测量和试验

(1)大桥几何状态监测

大桥几何状态测量包括主梁线形、索塔空间位置等。可以选择利用全站仪、水准仪、GPS 等测量设备进行测量。

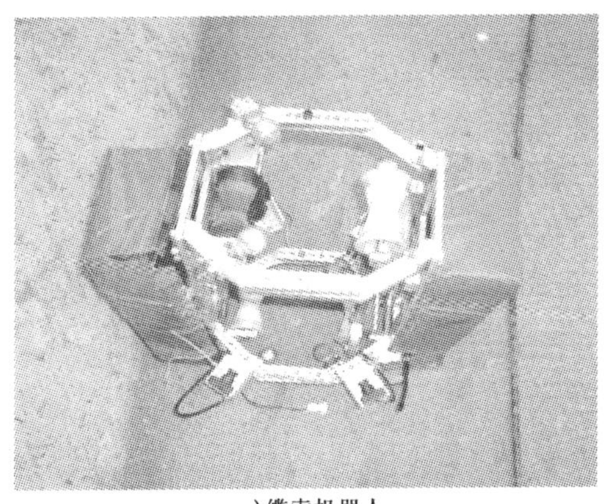

a)缆索机器人

b)斜拉索开仓检查

附图 1.10　缆索机器人和斜拉索开仓检查

附图 1.11　利用内窥镜进行桥梁检查

a)潜水作业

b)水下机器人

附图 1.12　潜水作业和水下机器人

(2)冲刷测量

对于大桥的冲刷测量可以采用船载的多波束扫测系统进行。该系统主要包括多波束测深仪、定位定向仪、声速剖面仪、波浪补偿仪(涌浪仪)等仪器设备。这些仪器设备在测量船上安装后组合成一套多波束测深系统。

多波束测深系统利用超声波原理进行工作,通过发射和接收声波信号,由声波在水体中的传播时间与声速的乘积即可计算出水深。多波束测深系统工作示意如附图 1.13 所示。

(3)斜拉索索力测量

成桥后索力测量主要采用频率法。斜拉索索力跟振动频率之间存在一定关系,对于某一根指定的斜拉索和吊索(即已知索的长度、每延米索的质量以及支承条件),只要测出振动频

附图 1.13　多波束测深系统工作示意

率，即可求出索力。对于斜拉索振动频率的测量可采用索力计进行。索力计和索力测量现场如附图 1.14 所示。

(4)裂缝几何参数测量

①裂缝长度检测：一般采用钢尺、激光测距仪等测量。

②裂缝宽度检测：采用裂缝宽度观测仪等进行检测。裂缝测宽仪可以将被测裂缝进行放大，并成像。缝宽可以采用人工读数和自动读数两种方式。裂缝测宽仪和裂缝测宽工作现场如附图 1.15 所示。

③裂缝深度检测：对于裂缝深度的测量一般采用裂缝测深仪，利用超声原理进行检测。裂缝测深仪如附图 1.16 所示。

(5)桥面铺装行车指标检查

对于桥面铺装行车指标的检查可采用多功能道路测试车进行，如附图 1.17 所示。多功能道路测试车是一套模块化的数据采集平台，由一辆特别改装的汽车底盘和各种数据采集子系统组成，主要包括：道路几何参数测量系统、GPS 全球定位系统、激光线扫描车辙测量系统、纵向断面平整度测量系统、计算机定标录像及测量平台、高精度道路几何系数测量系统、路面纹理测量系统、道路全景路况扫描、路面病害分类评级软件、吹着高度净空测量系统和路面摄像—全自动的裂缝探测机识别系统。

a)索力计

b)索力测量现场

附图 1.14　索力计和索力测量现场

a)裂缝测宽仪

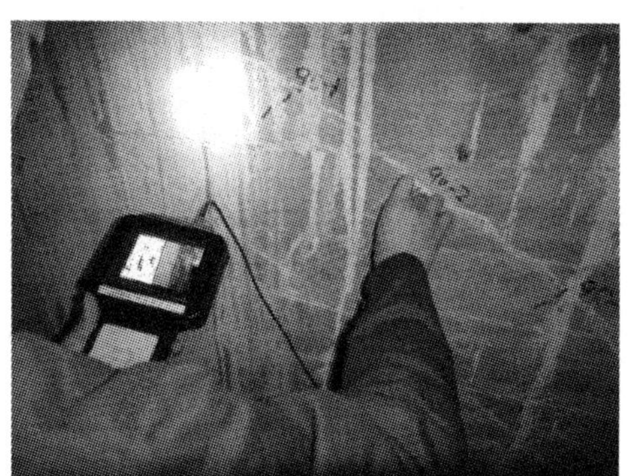

b)裂缝测宽工作现场

附图 1.15　裂缝测宽仪和裂缝测宽工作现场

(6)桥梁荷载试验

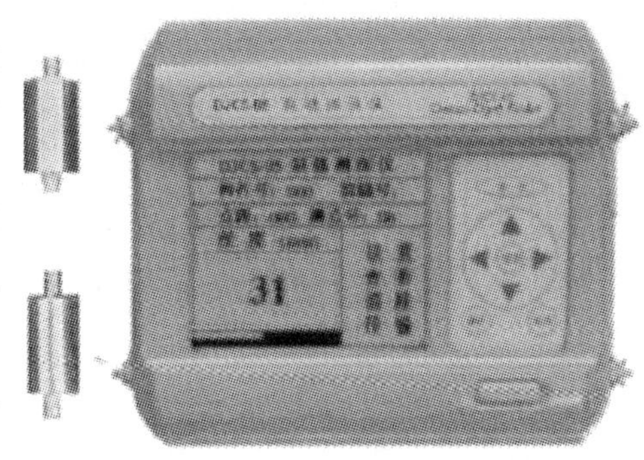

附图 1.16　裂缝测深仪

桥梁荷载试验主要分为静载试验和动载试验两种。静载试验是将静止的荷载作用在桥梁上的指定位置,然后对桥梁结构的静力位移、静力应变、裂缝等参量进行测试,从而对桥梁结构在荷载作用下的工作性能及使用性能做出评价。动载试验主要是测定动荷载的动力特性(数值、方向、频率及作用规律等),测定桥梁动力特性(固有频率、阻尼、振型等),以及测定桥梁在动载作用下的强迫振动响应(动位移、动应力等)。荷载试验现场情况如附图 1.18所示。

(7)混凝土取芯试验

混凝土取芯试验是通过取芯机在桥梁混凝土构件上取芯,将芯样进行适当的加工,然后进行相关的试验。通常包括混凝土强度试验、混凝土抗渗性试验以及混凝土氯离子含量试验等。混凝土取芯机及其芯样如附图 1.19 所示。

附图 1.17　多功能道路检测车

附图 1.18　荷载试验现场

a)混凝土取芯机

b)混凝土芯样

附图 1.19　混凝土取芯机及其芯样

(8)斜拉索取样试验

如出现斜拉索严重断丝或腐蚀现象,可通过对部分钢丝或整根斜拉索进行取样,在试验室中对其进行力学性能试验(拉伸、扭转)和疲劳试验,有助于工程技术人员掌握斜拉索的技术状况和未来劣化趋势。斜拉索取样试验如附图 1.20 所示。

附图 1.20　正在进行试验的斜拉索

(9)斜拉索 PE 护套抗老化试验

①抗氧化性能试验。

对于 PE 护套抗氧化性能的试验一般采用氧化诱导期法。氧化诱导期方法是一种以 PE 分子键断裂时的放热反应为依据,测试 PE 在高温氧气中加速老化程度的方法,其原理是将 PE 试样与惰性参比物(一般用氧化铝)置于差热分析仪中,使其在一定温度下用氧气迅速置换试样室内的惰性气体。测试由于实验氧化而引起的 DTA 曲线(差热谱)变化,并获得氧化诱导期,以评定塑料的抗老化性能。

②残余抗拉强度和断裂伸长率。

残余抗拉强度是考察 PE 承载能力的指标。《斜拉桥热挤聚乙烯高强钢丝拉索技术条件》(GB/T 18365—2001)中对于黑色聚乙烯护套料的抗拉强度要求≥20MPa,断裂伸长率≥600%,这两个指标可以用专用的加载试验机测定。

③冲击性能试验。

冲击性能试验是在冲击负荷作用下测定材料的冲击强度,以用来衡量高分子材料在经受高速冲击状态下的韧性或对断裂的抵抗能力。《斜拉桥热挤聚乙烯高强钢丝拉索技术条件》(GB/T 18365—2001)中对于黑色聚乙烯护套料的抗拉强度要求≥26KJ/m^2。

④耐环境应力开裂试验。

耐环境应力开裂试验是考察 PE 在有应力存在下受化学试剂作用发生的降解现象,用来衡量 PE 材料在化学试剂和机械应力协同作用下的抗裂解能力。《电缆和光缆绝缘和护套材料通用试验方法　第 41 部分:聚乙烯和聚丙烯混合料专用试验方法 耐环境应力开裂试验 熔体指数测量方法 直接燃烧法测量聚乙烯中碳黑和(或)矿物质填料含量 热重分析法(TGA)测量碳黑含量 显微镜法评估聚乙烯中碳黑分散度》(GB/T 2951.41—2008)中对于较苛刻的电缆使用条件下的 PE 要求耐环境应力开裂时间≥48h。

(10)涂膜附着力试验

涂层与基材的附着力强度越大越好。如果涂层不能牢固地附着于金属表面,再好的涂层也起不到作用。对于涂层附着力的试验主要有画 X 法、画格法、拉开法等。

3）钢结构无损检测

（1）钢结构涂层厚度测量

目前对于钢结构涂层厚度的测量一般采用涂层厚度仪进行，如附图1.21所示。涂层厚度仪一般采用以下两种原理：

①磁性测厚原理：当测头与覆层接触时，测头和磁性金属基体构成一闭合磁路，由于非磁性覆盖层的存在，使磁路磁阻变化，通过测量其变化可计算覆盖层的厚度。

②涡流测厚原理：利用高频交电流在线圈中产生一个电磁场，当测头与覆盖层接触时，金属基体上产生电涡流，并对测头中的线圈产生反馈作用，通过测量反馈作用的大小可导出覆盖层的厚度。

附图1.21　钢结构涂层厚度仪

（2）钢结构焊缝的超声波探伤

超声波检测是利用超声能透入金属材料的深处，并由一截面进入另一截面时，在界面边缘发生反射的特点来检查零件缺陷的一种方法，当超声波束自零件表面由探头通至金属内部，遇到缺陷与板件底面时就分别发生反射波来，在荧光屏上形成脉冲波形，根据这些脉冲波形来判断缺陷位置和大小。

超声波探伤仪的种类繁多，但在实际的探伤过程中，脉冲反射式超声波探伤仪应用的最为广泛。一般在均匀的材料中，缺陷的存在将造成材料的不连续，这种不连续往往又造成声阻抗的不一致，由反射定理可知，超声波在两种不同声阻抗的介质的交界面上将会发生反射，反射回来的能量的大小与交界面两边介质声阻抗的差异和交界面的取向、大小有关。脉冲反射式超声波探伤仪就是根据这个原理设计的。超声波探伤仪和钢结构探伤工作现场如附图1.22所示。

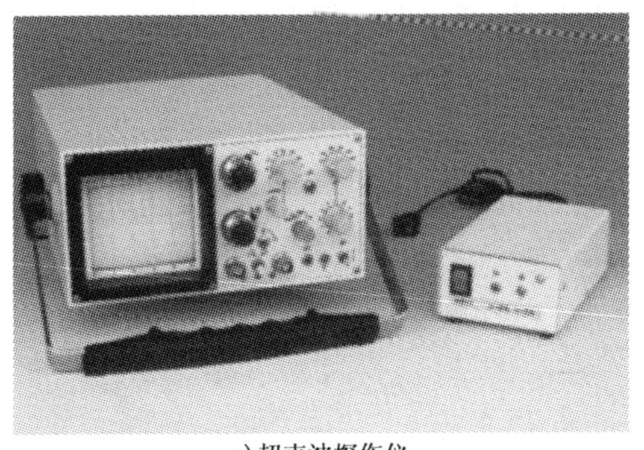

a）超声波探伤仪

b）钢结构探伤工作现场

附图1.22　超声波探伤仪和钢结构探伤工作现场

（3）钢结构焊缝的X射线检测

X射线检测主要是利用X射线穿过被照射物体后会有损耗，不同厚度不同物质对它们的吸收率不同，把底片放在被照射物体的另一侧，射线能使胶片感光或激发某些材料发出荧光。射线在穿透物体过程中按一定的规律衰减，利用衰减程度与射线感光或激发荧光的关系可检查物体内部的缺陷。

钢结构检测时，射线穿过材料到达底片，会使底片均匀感光；如果遇到裂缝、洞孔以及气泡和夹渣等缺陷，将会在底片上显示出暗影区来。这种方法能检测出缺陷的大小和形状，还能测定材料的厚度。X射线探伤机如附图1.23所示。

(4)钢结构裂缝的磁粉检测

磁粉检测是利用铁磁性材料和缺陷之间的磁导率变化的原理来发现缺陷，首先对工件进行磁化，若工件表面有缺陷存在，由于缺陷处的磁阻增大而产生漏磁，形成局部磁场，磁粉便在此处显示缺陷的形状和位置，从而判断缺陷的存在。磁粉探伤仪和磁粉探伤现场情况如附图1.24所示。

根据不同的分类条件，磁粉检测方法的分类如附表1.1所示。

附图1.23　X射线探伤机

磁粉检测方法分类　　附表1.1

分类条件	磁粉检测方法
施加磁粉的载体	干法(荧光、非荧光)、湿法(荧光、非荧光)
施加磁粉的时机	连续法、剩磁法
磁化方法	轴向通电法、触头法、线圈法磁轭法、中心导体法、交叉磁轭法

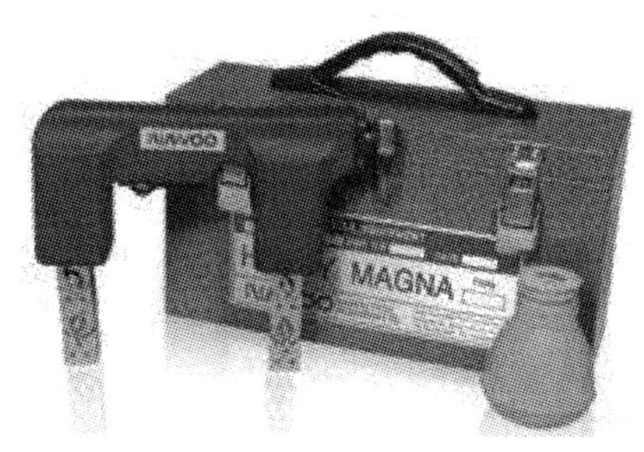

a)磁粉探伤仪

b)磁粉探伤现场

附图1.24　磁粉探伤仪和磁粉探伤现场

(5)基于磁致伸缩导波技术的斜拉索无损检测

磁致伸缩导波检测技术是基于铁磁性材料的磁致伸缩效应和逆磁致伸缩效应进行的，所谓磁致伸缩效应是指铁磁性材料在磁场作用下形状会发生改变的特性，利用该特性可用来产生导波，而逆磁致伸缩效应是指材料发生变形时，其磁特性会发生变化，该特性可用来接收导波。计算机通过编程产生一个脉冲信号，该信号通过USB口输入到功率放大器中，放大驱动激励线圈产生一个沿缆索传播的弹性波。当遇到断丝，磨损等缺陷时，该弹性波被反射回来，接收线圈利用逆磁致伸缩效应接收到该反射信号，并将其转换为电信号，该信号被放大，滤波和数字化后，通过USB接口输入到计算机。通过编写软件对该信号进行分析，即可获得缆索的状态信息，为保证磁致伸缩的转换效率，利用磁化器提供偏置磁场。磁致伸缩导波可以用来检测桥梁缆索的断丝情况，由于该方法是一种非接触方法，不需要去除任何保护层。实验室检测结果表明：该方法将有助于检测人员检测斜拉索截面的减少情况。

4）混凝土结构无损检测

（1）混凝土强度检测

回弹法是采用回弹仪的弹簧驱动重锤，通过弹击杆弹击混凝土表面，并以重锤被反弹回来的距离（称回弹值，指反弹距离与弹簧初始长度之比）作为强度相关指标来推算混凝土强度的一种方法。回弹法检测混凝土强度现场照片如附图 1.25 所示。

（2）超声回弹综合法检测混凝土强度

根据实测声速值和回弹值综合推定混凝土强度的方法，可参照《超声回弹综合法检测混凝土强度技术规程》（CECS 02—2005）进行。

（3）氯离子含量检测

可采用氯离子含量测定仪对混凝土氯离子含量进行测定。其工作原理是将通过冲击钻或剖面磨削从混凝土中得到的粉末，与不同剂量的氯化物萃取液相混合，将标定过的氯电极浸入溶液中，测定出酸溶性或水溶性氯化物的含量，以其所占混凝土重量的百分比来表示。氯离子含量测定仪如附图 1.26 所示。

附图 1.25　回弹法检测混凝土强度

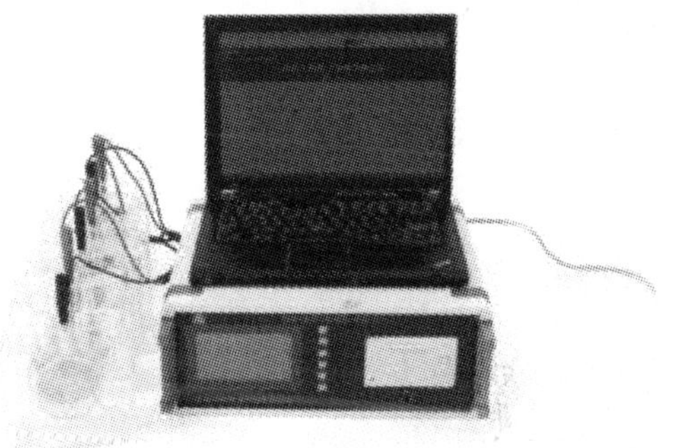

附图 1.26　氯离子含量测定仪

（4）混凝土碳化深度检测

混凝土碳化深度检测一般采用酚酞试剂法，其原理是酚酞滴在碱性条件下会显红色。而混凝土碳化后，由于 pH 值降低，遇酚酞后不显色。用合适的工具在测区表面形成直径约为 15mm 并有一定深度的孔洞。清除孔洞中的碎屑和粉末时，立即用浓度为 1% 的酚酞酒精溶液滴在孔洞内壁的边缘处，用深度测量工具测量表面至深部不变色边缘处与测量面相垂直的距离多次，取其平均值，该距离即为该测区混凝土的碳化深度值。混凝土碳化深度检测现场照片如附图 1.27 所示。

附图 1.27　混凝土碳化深度检测

（5）钢筋锈蚀状况检测

①混凝土电阻率测量

钢筋的锈蚀是一个电化学反应过程，在该过程中混凝土是电通路的重要组成部分。因此混凝土的电阻率对钢筋的腐蚀速度有着极为重要的影响。

混凝土电阻率采用四电极阻抗测量法测定，即在混凝土表面等间距接触四支电极，两外侧电极为电流电极，两内侧电极为电压电极。通过检测两电压电极间的混凝土阻抗获得混凝土电阻率 ρ。混凝土电阻率测试仪如附图 1.28 所示。

②半电池电位法检测钢筋锈蚀

混凝土内部钢筋在正常情况下，钢筋表面保持相对电位平衡。在钢筋受到外界因子侵蚀产生电化学腐蚀过程中，伴随着表面电子的转移，打破了电位自然平衡状态。通过表面电位差的变化，可以判定钢筋锈蚀程度。

对于可能存在的钢筋锈蚀，使用钢筋锈蚀仪采用半电池电位法进行测试，如附图 1.29 所示。半电池电位法是利用“Cu＋$CuSO_4$ 饱和溶液”形成的半电池与“钢筋＋混凝土”形成为半电池构成一个全电池系统。由于“Cu＋$CuSO_4$ 饱和溶液”的电位值相对恒定，而混凝土中钢筋因锈蚀产生的化学反应将引起全电池的变化。因此，电位值可以评估钢筋锈蚀状态。

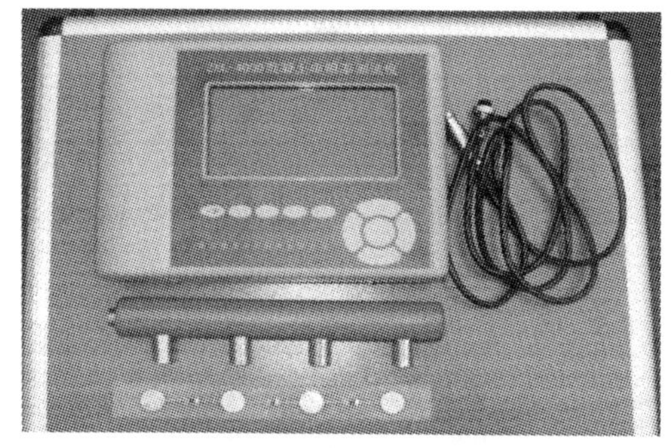

附图 1.28　混凝土电阻率测试仪

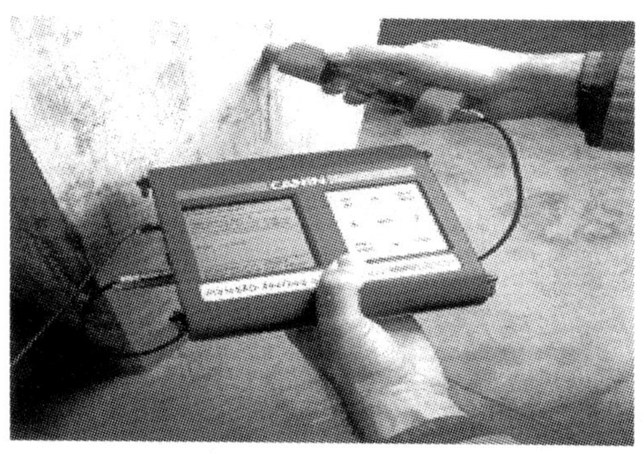

附图 1.29　钢筋锈蚀仪

(6)混凝土整体浇筑质量检测

可采用声波 CT 技术检测重点梁段结构质量情况(混凝土均匀性、密实性、强度等指标情况)，评估混凝土整体浇筑质量，现场工作照片如附图 1.30 所示。

附图 1.30　混凝土整体浇注质量检测现场

声波 CT 的工作原理与医学 CT 类似，医学 CT 是利用 X 射线穿透人体，通过射线强度衰减的观测对人体组织成像。声波 CT 是利用声波穿透工程介质，通过声波走时和能量衰减的观测对工程结构成像。声波 CT 特别适用于研究工程介质力学强度的分布，在工程检测中常被用来探查混凝土强度、空洞、不密实区等结构缺陷。混凝土质量检测系统如附图 1.31 所示。

(7)钢筋保护层厚度检测

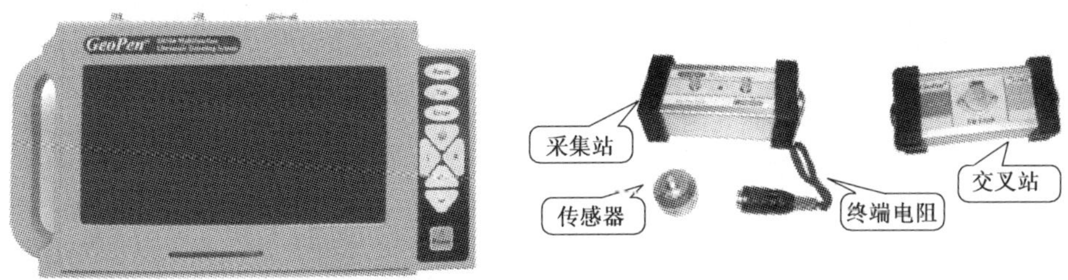

附图 1.31　混凝土质量检测系统

针对桥梁外观检测中发现的露筋、锈蚀等问题，可采用钢筋位置测定仪测量钢筋保护层厚度，通过外业测量和内业处理得到测区内箍筋或主筋的保护层厚度。混凝土保护层测试仪是利用电磁感应原理进行检测的。钢筋位置测量示意图示例如附图 1.32 所示。

附图 1.32　钢筋位置测量示意图

5)混凝土结构的维修与加固

(1)混凝土裂缝处理

对于裂缝宽度小于 0.15mm 的裂缝可以采用环氧砂浆或环氧胶泥进行表面封闭处理，对于裂缝宽度大于 0.15mm 的裂缝可以采用灌注化学灌缝胶的方式进行处理。

(2)混凝土缺损修补

混凝土缺损修补一般包括局部掉角修补和表层缺陷修补。修补材料可以选用环氧砂浆、环氧修补胶等。需要注意的是，大范围的缺损、大块的混凝土剥落等一般需要立模、浇筑混凝土进行修补。

(3)增大截面和配筋加固法

当原混凝土梁的钢筋和截面尺寸较小，在现状交通荷载作用下，混凝土梁的强度、刚度及抗裂性能不足时，通常采用增大构件截面、增加配筋、提高配筋率的加固方法来提高桥梁的承载能力。有时根据受力需要，还会在新增大的截面内配置预应力钢筋，如附图 1.33 所示。

(4)锚喷混凝土加固法

借助高速喷射机械，将新混凝土混合料连续地喷射到已锚固好钢筋网的受喷面上，凝结硬化而形成钢筋混凝土。通过增大桥梁受力断面尺寸与增加受力钢筋数量的技术手段，加强桥梁结构的整体性，实现提高桥梁承载能力的目的。

(5)碳纤维加固法

①粘贴碳纤维布法

粘贴碳纤维布法是把抗拉性能优良的 CFRP 布用环氧树脂系列的黏结材料粘贴到混凝土表面上，使其与原结构内布置的钢筋一道共同受力，达到提高结构承载能力的目的，如附图 1.34所示。

②预应力纤维板方法

附图 1.33　增厚箱梁腹板并配置预应力束加固

附图 1.34　粘贴碳纤维布法加固梁底和加固墩柱

上述粘贴碳纤维布的方法，是在结构受拉区域用化学胶黏剂粘贴碳纤维布（板）材，使其与构件混凝土及内部钢筋共同承受拉应力。但这种加固工艺对碳纤维强度的利用率极低，因为碳纤维与钢筋的强度差别非常大。钢筋屈服时，碳纤维所发挥的强度往往不到抗拉强度的10％。而让碳纤维发挥全部强度，混凝土结构会产生大的变形及明显的裂缝。

预应力碳纤维板加固技术是对碳纤维板材施加预应力，使其预先发挥相当的强度，从而有效利用其高强性能。利用这种技术，可以大量节省材料及工程造价，减少加固系统维护成本；显著减小结构变形，在增大承载力的同时提高结构刚度，抑制裂缝，提高构件抗弯承载力。但预应力纤维板的粘贴技术较为复杂，远不如粘贴普通碳纤维布或碳纤维板易于控制。

（6）粘贴钢板加固法

粘贴钢板补强法是采用环氧树脂系列胶黏剂将钢板粘贴在钢筋混凝土结构物的受拉边缘或薄弱部位，使之与原结构形成整体，用以代替需增设的补强钢筋。实现增强结构的抗弯、抗剪能力，改善结构的受力状态，提高结构刚度，减小结构受力变形，限制结构裂缝进一步开展，提高混凝土梁承载能力的目的。粘贴钢板现场情况如附图 1.35 所示。

（7）体外预应力加固法

体外预应力加固法是应用预应力原理，通过混凝土体外预应力钢束张拉，对混凝土梁的受拉区施加一定的初始压应力，使混凝土梁在活载作用下受拉区混凝土应力减少，避免梁体受力开裂，提高混凝土梁的刚度与抗裂性能，实现提高桥梁承载能力、改善桥梁使用性能与提高桥梁耐久性能的目的，如附图 1.36 所示。

附图 1.35　粘贴钢板现场

附图 1.36　箱梁体外预应力加固

(8)其他方法

除以上加固方法外，还有改变结构受力体系、增设主梁等常用的加固方法，在此不再列举。

6)钢结构的维修加固

(1)钢结构防腐涂层修复

修复方法的选择应考虑涂层的退化状况、使用年数和环境等。根据涂层检查结果进行综合评定，对于需要修复的涂层，在修复之前要查明其退化原因，并判断是由外部还是内部因素引起的。以便在修复时确定底层的处理程度、新旧涂层的适应性、涂料种类等，同时还要兼顾现场作业的可行性，制订有效的修复计划。

修复可分为维修涂装和重新涂装两种方法。维修涂装是指在桥梁运营全过程中对涂层进行的维修涂装；重新涂装是指彻底的除去旧涂层，重新表面处理后，按照完整的涂装规格进行的涂装。如附图 1.37 所示。

(2)钢结构疲劳开裂的修补

钢桥的疲劳裂纹可以采用断裂力学的分析方法来判定裂纹是否可以忍受或应该加以修补，但在实际工程中，一旦发现裂纹就应立即进行处治。常见的修补措施有：

①在某些情况下，可以通过在裂纹端部钻孔来阻止其进一步扩展。然而，空洞必须有足够

大的直径，而不是重新引起新的裂纹，一般孔径不小于板厚。横隔板上疲劳裂纹的止焊孔照片如附图 1.38 所示。

②加螺栓盖板可以用来恢复开裂截面的截面积，以及减少活载应力。

③开裂也可由重新焊接加以修补，但应在咨询专家意见之后才能进行。通常在现场结构上实施，完成起来比制作新焊缝要困难得多。尽管可以采取锤击和烘烤技术来消除应力，但低劣的重焊仍可能诱发再次开裂。采用重新焊接的方法加固疲劳裂纹现场照片如附图 1.39 所示。

附图 1.37　局部维修(左)和完全重涂(右)后的钢结构涂装

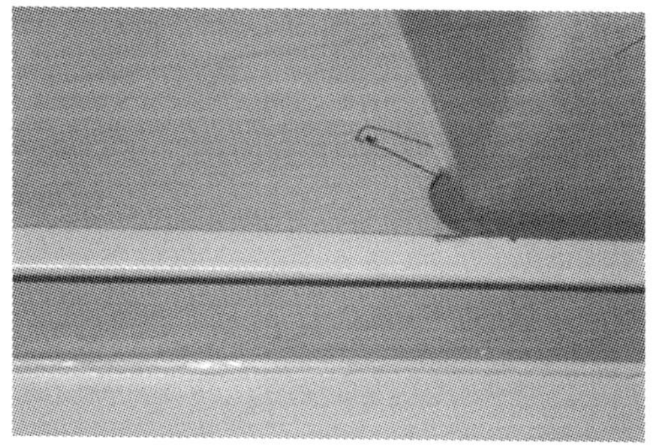

附图 1.38　横隔板上疲劳裂纹的止焊孔

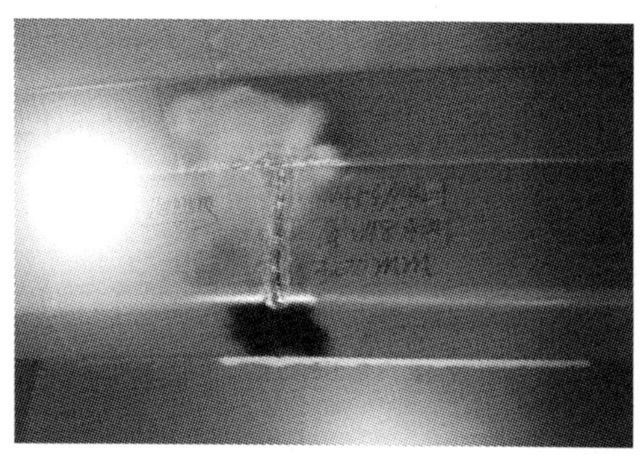

附图 1.39　采用重新焊接的方法加固疲劳裂纹

(3)钢结构异常变形的处治

异常变形的处治方法有冷矫正法、热矫正法、更换或加固。

①冷矫正法是用人力或机械力矫正变形,适用于尺寸较小或变形较小的构件。

②热矫正法在我国目前较常用的是采用乙炔气和氧气混合燃烧火焰为热源,对变形结构构件加热使其产生新的变形,进而抵消原有的变形。

③屈曲、撞击造成损伤、开裂或退化以及验算证明不满足有关要求的构件应该加以更换。承载能力不足的构件可以通过增贴钢板或型钢予以加强。附加钢板或型钢可以通过拴接活焊接到原构件上。

(4)螺栓的更换

检查处螺栓松动,或有其他不良状况时,应及时予以更换。

7)基础的维修加固

(1)补打桩基

一旦大桥基础由于不均匀沉降、冲刷、侧向土压力过大等原因造成倾斜或承载能力不足时,对于位于水域的桥梁工程过来说,常采用补打桩基的方法进行加固。该类方法曾在我国某座跨海大桥上得到了成功的应用,如附图 1.40 所示。

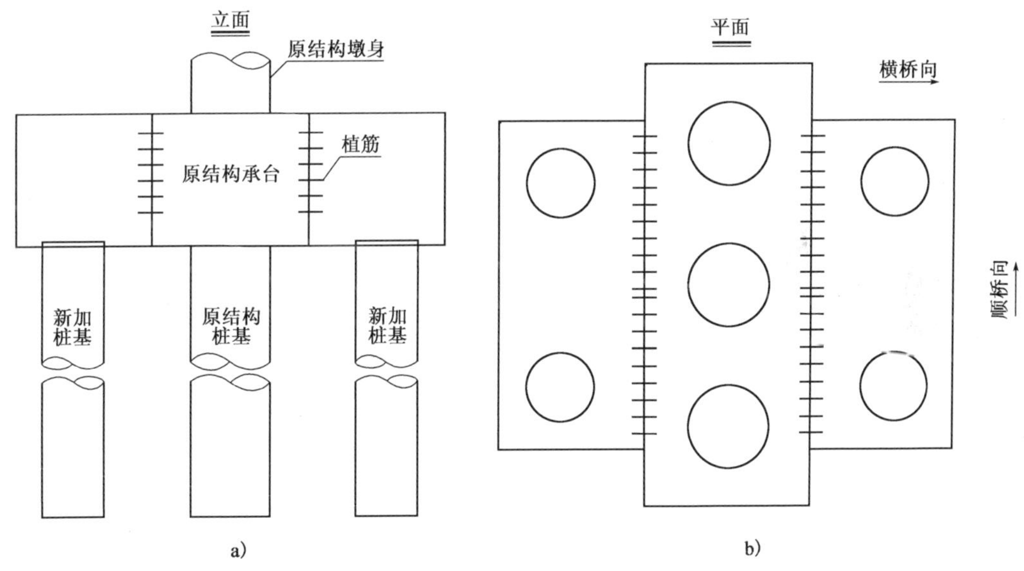

附图 1.40　某桥梁补打桩基构造示意

(2)基础冲刷防治措施

一旦大桥基础冲刷达到了警戒线,就需要采取防治措施。比较常用的两种防治措施是消能减冲和护底抗冲。

消能减冲的措施之一是在基础上下游设置防护桩群,以有效折减流速,将冲刷坑位置前移,从而减小基础范围内的冲刷深度。目前,消能减冲措施在国内、外尚属于研究阶段,工程实践尚缺乏经验,特别是在工程水文、地质条件十分复杂时,应谨慎采用。

护底抗冲措施是利用抛石、沙枕、沙袋、软体排等结构对桥墩基础及周围进行防护,以有效抵抗桥墩前冲击水流产生的底部向下漩辊,将墩侧流产生的最大流速区调整到防护区外围,并达到明显折减最大冲刷深度的效果。

无论采取哪种方法，必须经过仔细的计算和试验模拟，并制定详细的设计方案后，方可实施。

8)斜拉索维修加固

(1)斜拉索PE修补

附图1.41 PE修补用焊枪

如PE护层有裂缝、老化、剥落等现象，应先检查是否露丝，露出的钢丝是否锈蚀。如钢丝有锈蚀，应先将钢丝除锈，然后清理护层，将老化剥落的PE层除掉，再用同样的PE材料，采用热补法进行修补，修补后的PE层表面应光滑、平整、无裂痕。PE修补用焊枪如附图1.41所示。

(2)斜拉索缠绕PVF带

当外层PE出现大面积破损时，可以考虑将外层PE清除，然后缠绕PVF缠包带的维修方式。

PVF缠包带具有优良的抗腐蚀性、抗变质作用，缠包得当具有优良的效果及较长的使用寿命。它可以长期暴露于紫外线下，能保持原有色彩。在较大温度范围内，对聚乙烯和钢材有较强的附着性，使包缠结实无褶皱，使其完全附着于管面。PVF缠包带采用半自动的缠包设备施工，能够快速简便的包缠，如附图1.42所示。

附图1.42 清除外层护套和缠包PVF的斜拉索

(3)斜拉索锈蚀钢丝的修复

钢丝锈蚀一旦经过评估认为可继续使用时，应采取以下修复步骤：

①首先切除部分护套，露出钢丝锈蚀较严重的部分。

②用钢丝刷清除钢丝表面浮锈，并涂刷两道环氧富锌底漆。

③用防锈油脂填充钢丝空隙。

④最后修复护套，将索体密封。

(4)斜拉索换索

拉索的更换施工分三步进行：

①拉索张力的放松；

②拉索的拆除、回收；

③新换拉索的安装。

在换索前应做好计算分析工作。换索应由经验丰富的施工单位承担。某斜拉桥的换索施工现场照片如附图1.43所示。

附图1.43　某斜拉桥的换索施工

9)环氧沥青桥面铺装病害整治措施

(1)裂缝修补

对于环氧沥青裂缝主要采用灌缝法。国内较为常见的环氧沥青裂缝密封处理材料有以下几种：

①采用类似PS的挥发残留物密封法。

②采用柔性聚合物密封材料(延伸率较高)。

③采用刚性高强密封材料(拉伸强度较高)。

(2)鼓包修补

①初期鼓包病害

初期鼓包是铺装层刚摊铺完成时所表现的出的主要病害,最简单的修补方法是在气温较高的正午对铺装层进行检查,对发现的鼓包及时采用钢针刺穿鼓包将水汽排出后再将铺装层击实,另外还可以选择低黏度材料进行简单密封处理。也可将鼓包挖除,重新填充新的混合料,具体措施根据现场病害面积、严重程度等情况确定。

②使用期早期鼓包

使用期早期出现的鼓包病害主要是由施工时的少量水分而引起的。由于初期鼓包程度较轻,且已投入使用时的环氧沥青强度等均已达到最终要求值。因此,经济可行的方法是选取低黏度材料对鼓包开裂病害进行处理。对早期的鼓包开裂进行处理所选用的材料必须能够达到修复裂缝并增强缺陷处的功效。

③中期鼓包

如果不及时对环氧沥青铺装进行检查,某些早期的鼓包开裂现象可能会较难以察觉,中期将恶化。对恶化后的铺装层中期鼓包病害可以根据鼓包范围中部的裂缝闭合情况确定中期鼓包病害的严重程度,再根据不同的严重程度选择灌缝密封处理或开挖回填处理。

④晚期鼓包坑洞

出现晚期鼓包坑洞病害的铺装层已经基本丧失承载力,丧失铺装层使用功能,这是鼓包病害发展过程中最严重的阶段。这个阶段会影响其他完好铺装的使用寿命,甚至影响钢箱梁顶板的使用寿命。因此,必须对晚期鼓包坑洞及时进行处理,适宜的处理方法是将坑洞破损处的残缺铺装层开挖后,再重新回填。

(3)大面积破损处理

对于由特殊原因(主要是车祸、火灾导致的大面积损伤等)而导致的大面积破损的修复可以考虑采用原环氧沥青进行修复,但需考虑混合料拌制完成的保温措施等与混合料性能相关的关键技术。如果修复区域面积较大,可以考虑采用拌和楼进行拌制,然后运输至施工现场进行施工操作。为了达到预定压实度,需要采用规定的碾压设备。另外为了使环氧沥青获得一定的初期强度,可以考虑采用环氧沥青黏结料作为结合料拌制混凝土。

(4)外伤(凹坑)修复

凹坑病害的出现使得行车荷载对该区域的铺装层形成冲击荷载，导致凹坑病害不断扩展恶化。因此，需要在环氧沥青混凝土铺装层使用期间定期检查铺装层使用情况，对所发现的凹坑病害进行及时处理。

处理凹坑所采用的修复材料与修复方法应该根据凹坑的面积深度尺寸选取。对于尺寸较小的凹坑病害，可以先利用钢丝刷与集毛刷将凹坑内的浮动颗粒与灰尘清除干净，然后预埋细质集料(如 4 号料)，与邻近铺装层表面齐平，再将 YBL86 黏结剂灌入凹坑内，待黏结剂完全固化后即可开放交通。

对于破损面积较大的凹坑，应该根据实际情况将凹坑的尺寸与深度扩展到能够回填与原环氧沥青混凝土类似级配的混合料为准。尺寸扩展可以利用手持式切割机进行，在切割时应根据回填混合料对铺装深度的要求来确定切割深度。破损面积较大的凹坑回填时可以采用现场拌制的 LSQ47 高强混凝土。

(5)燃油与化学污染处治

由于固化后的沥青材料被分散到环氧大分子胶链体系中，因而基本不会出现普通沥青混凝土那种高温流动迁移、遇溶剂溶解的性能。化学污染主要是由于某些化学品运输车滴漏等原因而残留在铺装表层的。虽然环氧沥青混凝土对汽车燃油以及化学品等有较好的抵抗能力，但是为了避免存在的燃油等对行车安全造成影响以及潜在的隐患(火灾等)对铺装层的损坏，必须适时的将铺装层表面的燃油污染物清除。

清洗化学品或汽车燃油时，可以按照以下几个步骤考虑：

①在污染面积内撒布大量的砂、木屑或矿粉填料等，以充分吸附污染物质。

②待污染物基本被吸附后，清扫表面的砂或其他吸附材料。

③利用清洗剂擦洗污染区域。

④再用大量的清水冲洗，冲洗时以目测表面基本无污染物为准。

(6)火灾影响处理

这里的火灾是指由于过往于桥面上的交通车辆事故而导致的燃烧。虽然环氧沥青混凝土能够抵抗一定的高温影响，但是由于这种火灾的发生一般持续较长的时间，且温度要较使用条件下高得多。为此，必须在火灾发生后对铺装层进行适当的处理，以防止火灾对铺装层使用性能产生不必要的影响。对于由火灾而导致的铺装层修复，主要需要根据火灾的持续时间和火灾的严重程度而定。短时间的小范围火灾可能只是影响铺装层的表面，但长时间持续的火灾会导致较大面积范围的破损。因此，对不同程度受火灾影响的铺装层的修复需要采取不同的方法。在此规定，对于铺装层影响深度小于 5mm 的火灾称为小范围火灾，影响深度大于 5mm 的火灾称为严重火灾。

对于影响深度小于 5mm 的小范围火灾而言，修复可以分为两个步骤：

①将表面受火灾影响而松动的混合料挖除。

②采用与鼓包开挖修复的相同材料(不含集料)进行回填修复。

对于影响深度大于 5mm 的严重火灾，可以按照如下步骤进行处理：

①沿破损区域向外加宽至少 50mm 切割。

②将破损区域内的混合料凿除，注意必须再沿深度方向上加深至少 25mm。

③采用鼓包修复混合料进行回填修复。

10)主缆腐蚀

主缆是悬索桥的主要承力构件,具有不可更换性,是大桥的“安全生命线”。因此,主缆腐蚀将直接威胁大桥的使用安全及寿命。当前主缆的防腐主要有两种方式:密封和除湿。然而,由于主缆施工过程中受雨水侵袭和镀锌层破坏,钢丝可能已经腐蚀,以及运营使用过程中受静、动载作用的影响,可能出现防护腻子的老化(尤其索夹处)和外护涂层的破损,空气中的水蒸气和雨水侵入,使得主缆中的钢丝因受潮而产生锈蚀,因此,主缆腐蚀是结构易损的重点关注内容。

11)索夹螺杆紧固力

索夹螺杆紧固力关系索夹是否沿主缆滑移,由于桥面铺装和运营过程中索夹螺杆紧固力的卸载情况无法准确估算和预张,为确保结构受力安全,应对全桥索夹螺杆的紧固力进行抽检,并视抽检情况进行补张。

12)吊索锈蚀断丝

吊索是将加劲梁、桥面系以及活荷载吊挂在主缆上的传力构件,其应力幅较大。吊索部分断丝的原因有以下两种:

(1)在温度、汽车荷载及风荷载等作用下,加劲梁沿桥轴纵向和横向摆动导致吊索下端处于反复弯剪受力状态,尤其是对于跨中附近的较短吊索,其下端受到的剪切变形更大,更易发生疲劳断裂。

(2)吊索防水密封性欠佳,而吊索的受力状况和特点使得吊索下端部防水密封性能不断降低,导致吊索受到大气和雨水的直接侵蚀,出现腐蚀断丝现象。

上述两者因素相互作用,也加速了吊索的断丝破坏。

因此,吊索在长期运营过程中,需定期采用断丝诊听设备检测或选择性地打开吊索 PE 外套查看其锈蚀和断丝情况。

13)加劲梁

与地锚式悬索桥相比,自锚式悬索桥加劲梁承受巨大的轴向压力,为此钢加劲梁结构易出现应力锈蚀,需要重点关注。

14)锚固系统

悬索桥锚固受力大且复杂,因此需对锚固系统定期检查其锚固板有无滑移,有无渗水及锈蚀等现象,确保其耐久性。

参考文献

[1] 沙庆林.高速公路沥青路面早期破坏现象及预防[M].北京:人民交通出版社,2001.

[2] 潘玉利.路面管理系统原理[M].北京:人民交通出版社,1991.

[3] 本书编委会.高速公路养护管理手册[M].北京:人民交通出版社,2002.

[4] 中国高速公路管理学术论文集[C].北京:人民交通出版社,2014.

[5] 北京市首都公路发展集团有限公司.高速公路运营管理手册[M].北京:人民交通出版,2011.

[6] 京港澳高速公路运营管理文集[C].北京:人民交通出版社,2012.

[7] 郭丰敏,李永成.高速公路运营管理基础[M].北京:人民交通出版社,2007.

[8] 美国交通部联邦公路管理局.美国高速公路运营管理手册[M].北京:人民交通出版,2009.

[9] 交通运输部.关于进一步加强公路桥梁养护管理的若干意见[Z].2013.

[10] 中华人民共和国行业标准.JTG H10—2009 公路养护技术规范[S].北京:人民交通出版社,2009.

[11] 中华人民共和国行业标准.JTG/T H21—2011 公路桥梁技术状况评定标准[S].北京:人民交通出版社,2011.

[12] 陈传德.高速公路养护管理[M].北京:人民交通出版社,2004.

[13] 王先仓,石勇民.高速公路管理[M].北京:人民交通出版社,2013.

[14] 常魁和.高速公路沥青路面养护新技术[M].北京:人民交通出版社,2001.

[15] 交通部规划研究院.国家高速公路网规划[Z].2004.

[16] 高建立.高速公路沥青路面养护关键技术与工程实例[M].北京:人民交通出版社,2006.

[17] 上海市市政工程管理局专业标准.公路沥青路面预养护技术规程 SZ—G—D01—2007[S].上海市市政工程管理局,2007.

[18] 中华人民共和国行业标准.JTJ 073.2—2001 公路沥青路面养护技术规范[S].北京:人民交通出版社,2001.

[19] 虎增福.乳化沥青及稀浆封层技术[M].北京:人民交通出版社,2001.

[20] 范上宁,季瑛.高速公路沥青路面预防性养护对策选择[J].中国市政工程,2006,6:8-9.

[21] 沈金安,李福普,陈景.高速公路沥青路面早期损坏分析与防治对策[M].北京:人民交通出版社,2004.

[22] 中华人民共和国行业标准.JTG D50—2006 公路沥青路面设计规范[S].北京:人民交通出版社,1997.

[23] 徐世发,等.沥青铺装层病害防治与典型实例[M].北京:人民交通出版社,2005.

[24] 张艳军.沥青混凝土路面的施工与养护[M].北京:中国社会科学出版社,2004.

[25] 胡长顺,等.高等级公路路基路面施工技术[M].北京:人民交通出版社,2000.